U0869683

BOOKS LIFE
斑马書房

我 思 故 我 在

Child Training

孩子训练（上）

[美] 维吉尔·莫里斯·希利尔 著
孟 楠 译

文化发展出版社
Cultural Development Press
·北 京·

图书在版编目（CIP）数据

孩子训练 /（美）维吉尔 · 莫里斯 · 希利尔著 ；孟楠译. — 北京 ：文化发展出版社，2024.6

ISBN 978-7-5142-4348-2

Ⅰ. ①孩… Ⅱ. ①维… ②孟… Ⅲ. ①儿童教育－教育方法 Ⅳ. ①G61

中国国家版本馆CIP数据核字(2024)第098262号

孩子训练

著　　者：[美] 维吉尔 · 莫里斯 · 希利尔
译　　者：孟　楠

出 版 人：宋　娜　　责任印制：杨　骏
责任编辑：孙豆豆　　责任校对：岳智勇
策划编辑：唐　三　史英男　　封面设计：于沧海
出版发行：文化发展出版社（北京市翠微路2号 邮编：100036）
网　　址：www.wenhuafazhan.com
经　　销：全国新华书店
印　　刷：河北朗祥印刷有限公司

开　　本：880mm × 1230mm　1/32
字　　数：147千字
印　　张：8.25
版　　次：2024年6月第1版
印　　次：2024年6月第1次印刷

定　　价：58.00元
I S B N：978-7-5142-4348-2

◆　如有印装质量问题，请电话联系：010-68567015

目录

第二章：社交能力培养

第三章：讲故事

第四章：肢体锻炼

第五章：自由玩耍

第六章：动手能力培养与劳动

第七章：知识学习

序

本书介绍了一套针对学龄前孩子教育的训练课程体系，阐述了大量的训练课程和训练方法，适用于班集体训练，也适用于个体的训练。无论父母和老师是否接受过专业培训都可以依照书中的方法对孩子进行训练。

本书在创作过程中汲取了夸美纽斯、洛克、卢梭、斐斯泰洛齐、赫尔巴特、福禄贝尔、詹姆斯等多位教育家思想的精华，同时也融入了我多年来从事教育实践的经验，是一部呕心沥血之作。

很多父母在孩子教育的问题上走的弯路都是相似的，比如对孩子过度放纵和溺爱，在教育过程中不够理智，迷信一些方法，打着自由的幌子对孩子听之任之，或者小题大做等。希望家长在阅读本书后，按照书中阐述的原理与方法去训练孩子，这样可以在很大程度上避免出现上述这些问题。

本书强调通过训练促进孩子养成良好的习惯、品质和能力，旨在培养孩子的观察力、专注力、创新力、自觉性和敏捷的思维，让孩子能够更敏锐地思考与行动，更有见识和成就，动手能力更强，有礼貌且善解人意，让他们能积极健康地成长为更完美的人。

此外，本书对于遵照其内容为孩子训练的家长和老师也大有裨益。在对孩子训练的过程中，他们自己也可以养成同样的良好品质和习惯，或者找回曾经拥有这些品质的自我。

前言

人的一生，无论是成功、平庸还是失败，很大程度与早年受到的教育和各自性格方面的微小差异有关。这些细微的因素，很难令人察觉。人们之所以能够在不同领域扮演着不同的角色，拥有不同的社会意义，是因为人都会在某个方面更加突出一些，而某个方面相对薄弱一些。比如，一星期赚10美元的记账员和一星期赚1000美元的铁路公司董事长[1]，他们早期受到的技能方面的教育可能没太大差别，性格也可能大同小异。他们都会读书写字，都能算数，甚至在算数这方面，记账员比铁路公司董事长还要强些。那究竟是什么让两人之间产生如此大的收入差异？这个问题似乎很难有人能给出答案，更没有量化的指标去对比。但是如果我们仔细挖掘，还是能够从他们身心方面所存在的微小差异

1 希利尔生活年代的美国工资水平。——译者注

中找到答案，而这些绝不是在学校里学来的。

每个成功的人，都是由于他性格当中的某种特质将他推向辉煌的“舞台”，有的人靠的是创新、勤奋和坚持不懈，有的人靠的是批判思维和踏实肯干，有的人靠的是真诚友善，还有的人靠的则是自律的态度与懂得拒绝的智慧。

在孩子的早期教育中，我们大多数情况下只顾培养他们阅读和写作的能力，这两项技能似乎已经成为每个孩子的必修课。诚然，读书写字对每个人而言都至关重要，但只掌握这些技能并不能成为孩子未来的优势。孩子不会因为仅仅掌握了读书写字的能力，就取得非凡的成就，然而有些父母盲目试图加快孩子学习这两项技能的进程，认为早点读书识字，便可赢在起跑线上。可实际上，无论孩子是在四岁还是八岁学会读书，是花了一个月还是一年的时间，是用语音法、综合法还是分析法，这些都不是最紧要的，因为他早晚都能掌握这项技能，而且在融入社会之后，实践会让孩子学得更快。相反，**孩子是否善于观察和分析并且具备动手能力，是否拥有足够的自信心和创新意识，是否思维敏捷、果敢、谦逊有礼且善解人意，这些才是决定其人生成败的关键。**如果我们大人不给予他们直接、有效的训练，孩子将一辈子与这些优秀品质无缘。因此，在教育的过程中，这些习惯和品质的培养才应该是“主角”，像读书、写字、算数这类技能，只要做到按部就班就可以了。所以，让孩子晚一些去学习读书写字并无大碍，但是**优秀品质的塑造，则应从孩子呱呱坠地那一刻起就开始着力进行。**

人生的旅程遍布纵横交错的岔路，七岁以前是决定孩子未来人生走向的关键时期。如果我们从一开始就忽视了对于孩子品质的培养，令他走错了路，那么他就会在错误的道路上越走越远。等到了七岁时，即使发觉了问题，再想回到正途，需要付出巨大的代价，而此时的孩子已与他人相去甚远。如果想让孩子将错就错而另辟蹊径，则孩子极有可能再度迷失，与正道彻底无缘。我们不妨试想一下，如果放任一个孩子自小为所欲为，且从不加以引导，让他养成了不良的习惯与品质，长达七年之久，在这种情况下，再想要改变他，使他拥有优良的品质，那简直就是痴人说梦。这种放纵的教育可以说是一种“犯罪”，也是家长无能的表现，这样的家长要么是懒惰至极，要么是极度无知。他们通常盲目乐观地以为：“孩子嘛，长大了自然就好起来了！”我们也希望老天保佑，您的孩子长大了就能好起来，但是可惜的是，这种概率微乎其微。

每一位家长都望子成龙，都希望自己的孩子是最优秀的，希望孩子长大后能出人头地，成为律师、医生、老板、大厨……他们满怀希望地梦想着自己的孩子未来一定会成为一个大人物。不过，梦想终归是梦想，要想让美梦成真，是要费一番功夫的！

孩子在两三岁之前是家长最分身乏术的时候，他们既要给孩子喂奶、清洁，还得时刻操心孩子的健康。可即便这么忙，很多家长还会给我写信寻求一些幼儿教育方面的建议，他们还阅读了很多有关育儿的书籍。很多母亲在这段母性本能最强的时期，从外界习得的育儿知识比天性赋予的还要多。

三四岁大的孩子在父母的耳濡目染中，已经能说出一些词语，能掰起指头数数，分清左手和右手，咿咿呀呀地唱歌。也正是在这段时期，家长开始发觉有必要去寻求一些帮助和建议，希望可以把孩子培养得更好。他们意识到一定要关注孩子的智力发展，让孩子做点什么，需要用一套系统性的训练课程，让孩子充分发挥自己的禀赋，提升孩子的心智。

但是，到底应该去请教谁呢？家长感到茫然无措。常规的教育课程不能达到他们的要求，因为那些教育方法要么太死板、太抽象，要么不符合常理、不具有针对性，无法直接套用在自家孩子的教育上。毕竟我们的孩子根本不是所谓的“上天的馈赠”或者“大自然的精华”，只不过是“父亲、母亲的翻版”。

不仅如此，那些课程里的知识还非常枯燥，与孩子们“爱玩”的天性相去甚远。比如，教孩子认识圆柱体、棱柱体等，这些知识对孩子来说既没那么实用，又不能像积木一样激发他们的兴趣。同理，教孩子写自己的名字、了解自己和众多亲戚的关系，也根本比不上大马、奶牛、蝴蝶和蒸汽机对他们的吸引力。

这类课程中的教育方法是片面、狭隘的，它们只局限于对孩子某个方面的培养，或者只着眼于孩子成长过程中有限的几个阶段。

还有一些课程似乎只教孩子怎么“玩”，家长也搞不懂这些训练的优势和意图所在，他们只知道做游戏和玩耍可以让孩子变得这样好或那样好，但他们却看不出孩子有什么实际收获。

此外，在孩子的教育中，我们也很少重视孩子在性别方面的差异。适合女孩的教育方法，用到男孩身上可能就不合适了。孩子在三岁左右，就出现了最初的性别特征，因此，很多家长会发现吸引女孩的玩具，男孩往往不喜欢甚至厌恶。在教育中，如果不重视这种性别差异，就会模糊孩子对自己性别的认知。

很多家长对品质方面的训练持怀疑态度，他们认定孩子的教育就是读书、写字和算数，于是他们急于教会孩子这些本领，而那些真正对于孩子成长和发展价值斐然的习惯与品质，反而被忽视了。

本书所阐述的课程体系叫作“孩子训练”，旨在帮助家长真正实现培育子女成才的梦想。需要说明的是，该课程的主要受众是学龄前儿童，但超龄的孩子同样可以从中获益，因此笔者鼓励未使用过此课程体系的孩子使用。

该课程体系最大的特色是通过直接、具体、有效的训练方法，在实践中促进孩子养成良好习惯（包括肢体、脑力和品德方面），全面提高孩子的素养，促进各方面能力的发展。

人在出生以后，大脑神经细胞（更准确地说是神经元）便不再增加了。因此，如果我们想要提高感官的敏锐度与大脑的记忆力，依靠“感官训练”和“记忆训练”是行不通的。但是，我们的脑力（即大脑所具有的有关思维、想象、记忆等的能力）与连接神经元之间的通路有密切的关系，这些通路越密集，人的脑力就越强。换言之，脑力训练的有效方法是加强神经元——即思维之间的联系，提升思维的敏锐度与活跃度，培养专注力。因此，通过使用正确刺激神经元的方式，只要我们在想要培养的方面进行坚持不懈的练习，几乎就可以培养出任何习惯、能力、品位和技能。

孩子脑力培养最大的障碍是思维惰性，大人亦是如此。所以，脑力训练的首要目标是先让大脑活跃起来。

那些习惯了轻松自在、随心所欲的早教方法的人，他们可能会觉得我们采用的训练方法虚无缥缈，也可能会认为孩子根本学不到东西，之所以有这样的误解，是因为他们没有真正理解本书中的系统化课程。

或许你认为脑力训练（即神经元通路的构建）并不急切，无须过早重视。但事实是随着年龄的增长，脑力强化的过程将变得越来越长。因此，及早开始脑力训练，可以使你的孩子一直处于优势之中。

如果训练起步得足够早，孩子的任何能力都可以培养出来，即使遗传基因有问题也不足为惧。例如，天生就有语言障碍的德摩斯梯尼[1]，他原本是不适合演说的，但最终却成为历史上最著名的演说家之一。

反之，如果训练起步得太晚，就很难培养出什么杰出技能了，不管孩子继承了多好的遗传基因，也只能是事倍功半。

对孩子早期的训练不仅奠定了他未来成才的基础，而且对孩子的当下也有助益。通过训练，孩子会变得更加快乐，亲子关系会更加融洽，孩子也能给身边的人带来更多的欢声笑语。

1　德摩斯梯尼，公元前384—前322年，古希腊著名雄辩家、民主派政治家。——译者注

基础指导

训练条件

在进行训练之前，先把邻居家里四至六岁的孩子们都喊到你家来吧！

家里是最合适的训练场所，孩子训练需要在最熟悉的生活环境中进行。因此，以学习为目的的学校与教室，反而不利于孩子获得最佳的训练效果。越接近家庭和家人，孩子成长的环境就越丰富，家长也就越能走进孩子的世界。如果实在无法在家里进行，也应该找个类似的地方，尽可能营造出一种家的氛围。

古罗马教育家昆体良[1]曾指出，**孩子们在一起训练是一种社**

1 昆体良，约35—100年，古罗马杰出的教育家、演说家，古希腊时期教育思想和教育经验的集大成者。——译者注

会生活，这将有助于培养孩子们的综合素质。让孩子们一起聚会、参与各种活动，都是为了实现这个目的。这时，父母和老师并不需要做什么，只需要在一旁适时地提供帮助和指导，让孩子能够更好地融入集体，且相处得更加融洽。当然，这并不是要把玩变成孩子生活的全部，而是让孩子处于轻松的环境中，从而把玩和学结合起来，让他们在快乐的氛围中取得进步。

训练课程

根据孩子日常训练的特征，本书将训练课程分成七个章节来具体阐述。这些课程有的是肢体训练，有的是脑力训练，有的是品德培养，但它们并不是孤立的，因为在生活中，各项素质和技能也都是彼此交叉、相辅相成的。

本训练课程的七个章节分别是：

习惯养成（服从性、观察力、注意力和专注力等）

塑造性格，为日后的教育打好基础。

社交能力培养（日常礼仪与会话交谈）

强调礼仪，加强在行为举止和语言表达能力方面的训练；

加强孩子的交往能力。

讲故事

提供可供效仿的榜样和典范；

激发志向和抱负；

促进孩子的想象力等。

肢体锻炼（运动、做操、步行训练）

促进身体发育，形成良好的行为习惯，矫正错误姿势——驼背、不良体态等；

养成沉着稳重的性格，使孩子具备一定的自控力。

自由玩耍（玩耍和游戏）

培养孩子公平竞争的意识和体育精神，让孩子了解游戏内容和游戏规则，寓教于乐；

训练孩子的行动力、敏捷度、准确性、创新意识和动手能力。

动手能力培养与劳动

培养孩子的动手能力，使孩子心灵手巧，具备制作手工作品的能力；

养成孩子勤奋、坚持、严谨、整洁的习惯。

知识学习

传授孩子一些自然、科技、艺术等方面的基本知识。

让孩子初步具备阅读和写作能力。

训练规则

首先，要让孩子的训练内容成为生活的日常，有计划地安排训练作息，并持之以恒地遵守，让孩子既有练习的时间，又有玩耍和进行其他活动的时间。良好的作息规律可以让孩子和整个家庭在当下和未来都拥有快乐和幸福的体验。

当按照本书中的课程体系对孩子进行训练时，应针对不同的情况安排合适的课程，依照书中每个章节的提示开展与各时段对应的活动。需要注意的是，**七个章节的训练方法应是同步进行的，家长或老师每天都可以从各章节中挑选至少一种训练课程，**

融合到一起进行训练，而不是完全按照书中的顺序，一项一项地单独开展。

对于独生子女或来自同一个家庭的几个孩子，生活和训练都应该是齐头并进的，家长每天要对孩子进行七个章节的充分训练，将训练与生活融合到一起。因为家庭与学校不同，没有固定的教学时间，且孩子们的日常生活占据了大部分时间，因此习惯的养成应该融入生活的点点滴滴，从起床、穿衣、吃饭到玩耍等，不应局限于预留出的日常训练时间中。

如果是来自不同家庭的孩子在一起训练，则要安排两到三小时进行集中训练，同时父母还应负起责任，保证每个孩子都能充分练习课程中所涉及的内容，在习惯训练中更应如此。因为两三个小时的集中训练所达到的效果与在家十几个小时的培养所达到的效果无法相提并论。

综上，无论是哪种情况，父母都必须要对课程的内容谙熟于心，并积极与老师配合，不能做“甩手掌柜”。老师有义务让家长熟悉课程的内容，并敦促家长监督孩子在家中继续练习。当孩子入学之后，家长更要让孩子的好习惯得以保持，否则学前训练的成果就前功尽弃了。

训练方法

在使用本书课程前，家长和老师应先行熟悉训练孩子的方法和指令，尤其是在“习惯养成”一章，因为整个课程体系都是以习惯养成的原理、重要性和心理学方法为基础的。

但是，一定要注意的是：孩子的情绪对于训练和教育是至关重要的。孩子们在轻松快乐的氛围中，兴致勃勃地参与活动，并且渴望超越彼此。这会使练习过程充满乐趣，可以最大限度地达到我们想要的效果。

当然，这并不意味着在成长过程中可以没有眼泪。因为，人生中一些有价值的道理和成就，需要以眼泪为代价才可以获得。贝多芬童年苦练钢琴时，也常常委屈落泪，但最终取得了常人难以企及的成就。但是，作为教育者，我们还是主张：让孩子在训练的过程中有种轻松的氛围，这样可以使孩子时刻保持饱满的热情。

大多数课程都将在使用时进行具体说明。但品德训练、惩罚、奖励、效率、专注力等，在训练过程中每时每刻都会涉及，因此我们将提前说明。

品德训练

天下没有不疼爱自己孩子的父母。父母都觉得自家的宝贝是个纯洁善良、一尘不染的好孩子，但某天可能会无比震惊地发现，“小天使”竟也做出了不道德的事。此时，父母首先应该做的是反思：我是否一直持有“我家宝贝做什么都对”的思想？是否曾认为品德训练是多余的，从而忽视了有益于孩子养成良好习惯的训练，同时也没能教会孩子明辨是非的本领。其实，这样的“悲剧”原本可以避免。

即使这样的情况发生了，父母也不必完全灰心。小孩子有些野性难驯或犯下些不道德的错误也都是正常的。谁小时候又没做过错事呢？家长要是想一想自己小时候犯过的错，可能也会倒吸一口凉气。犯错的孩子并不是无药可救了，家长首先要正视孩子所犯的错误，给予孩子积极的鼓励和引导，帮助孩子早日改正不良行为。

撒谎、骗人、偷东西是孩子最常犯的几个行为错误，除此之外还有喜怒无常、自私自利、不体谅他人等。要想帮他们改掉这些毛病，有以下四种常见的方法：灌输正确的观念、树立自尊心、讲故事以及培养良好的习惯。

（1）给他们灌输正确的观念，让孩子懂得什么是正义、坦荡和真诚。不要说一些没道理的话，也不要恐吓孩子，比如告诉孩子“做坏事的人是会下地狱的”“妖怪会来把你抓走”这种话，也不能采取过于严厉的惩罚。

（2）树立孩子的自尊心，不仅能防止孩子做出不良行为，还可以激励他们端正态度，拥有良好的品行，且对未来具有理想和抱负。父母要经常称赞孩子好的品格和习惯，让孩子心生自豪，这是让孩子获得这种品格最有利的方法。让孩子为自己的果敢、真诚和勇气而自豪，为自己挺拔的身姿和彬彬有礼而自豪。为了能够保持住这样的自豪感，孩子就会表现得越来越好，他们不会因为受点小伤就哭个不停，更不会为了逃避惩罚就谎话连篇，他们会做到守时、保持风度，不断改进自己的行为。因此，在恰当的时候，父母一定要不吝他们的赞美：

“约翰最勇敢了！”

“他不怕黑。”

“他受了伤都不哭闹。”

“他是个听话的孩子。”

“他喜欢帮助别人。”

“他真善解人意，很懂得关心别人。”

“他是个靠得住的孩子。”

“他是站得最笔直的那个。”

……

此时，约翰就会努力去维持别人对他的好印象。

相反，**当孩子做得不够好时，我们也不能用太消极的字眼去批评孩子。**因为人本就容易受到外界评价的影响，这是天性使然，更何况是孩子，所以过于消极的评价可能会让他们“破罐子破摔”。

（3）给他们讲故事是另一个品德训练的手段。故事中应该存在一个可供学习和效仿的榜样，并且家长应选择一个固定的时间讲故事。对于自己崇拜的对象，孩子会有意无意地去模仿。如果孩子崇拜的是一名警察，那么他长大后也会想成为一名警察；如果孩子崇拜的是马戏团走钢丝的演员，那么他也会对走钢丝很感兴趣。让孩子崇拜英雄，孩子就会受到潜移默化的影响，父母要借此机会，从孩子的视角出发，培养他们明辨是非的能力。太过完美的榜样和强行道德灌输的故事往往不如寓意微妙的故事更有感染力，而且还会让孩子觉得虚伪，进而心生厌恶，甚至有可能把孩子也培养成道貌岸然的伪君子。

（4）帮助孩子培养良好的习惯，如听话、自律、有礼貌等，

父母应为他们提供生动有趣而又积极向上的品德训练。在接下来的课程中，很多训练都会涉及对品德的培养。

惩罚

如果父母已经使用了上述四种品德训练的方法，或者孩子已经非常听话了，那么在大多数情况下，就不需要用到惩罚手段了。**如果真的需要动用惩罚，请一定要注意选择惩罚手段，力求让孩子心悦诚服。**

孩子犯错大多都是由于一时疏忽，并不是故意为之。也就是说，孩子其实可以不再犯相同错误，他会意识到并努力改掉自己的缺点。

在有条件的情况下，**首先应让孩子尽量弥补自己的过错，再由家长对孩子进行惩罚，让孩子了解什么是正确的行为，以及为什么要这么做，防止孩子再犯同样的错误。**

如果孩子承认了自己的错误，老师或家长应敦促孩子说出自己错在哪里、应该接受什么惩罚。孩子自己想出的惩罚往往比大人想出的更严厉。

比如下面的案例。

父母不允许孩子在屋里踢球。但孩子还是这样做了，并且打碎了一个花瓶。下面所发生的对话是一种理想的情况，未经父母引导或品德训练的孩子很难有这样的反应。

父亲：我有没有告诉过你不要在家里踢球？

孩子：是的，爸爸。

父亲：但你还是在家里踢了，并打碎了一个花瓶，对吗？

孩子：是的，爸爸。

父亲：你看到你不听话的后果了吧！你觉得现在应该怎么做？

孩子：我再也不在家里踢球了。

父亲：说得对，但是你做得到吗？

孩子：我保证不会再犯了。

父亲：好，那你怎样才能保证自己不会忘记这次的教训？

孩子：我罚自己一星期之内都不再踢球了。

父亲：好，那这次的过错你打算怎么弥补？

孩子：从我的零花钱里扣一些，再给妈妈买个新花瓶吧。

父亲：还要怎么做？

孩子：我去向妈妈道歉。

家长要用积极的方式引导孩子明辨是非，这样才容易被孩子接受。

如果父母施加了惩罚，孩子也心悦诚服，这才是有效的。如果孩子满腹牢骚、委屈愤懑，甚至还产生了报复心理，那这种惩罚就没有意义了，此时父母应该立即纠正孩子的态度，并且让孩子恢复正常的情绪。

不要在孩子歇斯底里的时候和孩子讲道理。孩子大哭大闹、钻牛角尖的时候，可以让孩子一个人待一会儿来平复一下心情，或者分散孩子的注意力，先让孩子摆脱负面情绪的困扰。

在任何时候，**都不能纵容孩子养成说“我不”的习惯。**孩子每次说“我不”，都是一种强烈的心理暗示，会让他变得更武断、更不听话。所以，当孩子第一次开口说“我不”的时候，家长就要立刻采取措施，让孩子面对这件他不想做的事。以后孩子再想说“我不”时，就会引以为戒，知道即使说不，也仍然要做。

如果家长要求孩子做好某件事，那么就必须坚持让孩子把事情做到底，不能因为孩子哭闹和抗拒，家长就妥协了。如果孩子因为极度固执而出现了极端情绪，可以暂时停下做事情，但是孩子情绪平复后，务必要让孩子继续做。

很多家长只是嘴上说说要怎么惩罚孩子，但做法却是“雷声大雨点小”，到最后根本就听之任之了。而这样的做法会让孩子变得更加顽劣，甚至对孩子品质的形成造成极为严重的后果。所以，既然要惩罚孩子就要言出必行。**是否要惩罚与如何惩罚，一**

定要经过深思熟虑，一旦说出口，就必须贯彻到底，除非发现是真的冤枉了孩子。

虽说不必在任何情况下都对孩子“以罪定罚”，但像赫伯特·斯宾塞[1]所说的“自然惩罚”，显然是不切实际的。

面对过于叛逆、顽劣的孩子，家长可以采用体罚，但更好的方法是剥夺孩子的一些权利，比如不让孩子吃甜点、不给孩子讲故事，或取消孩子的一些特权，比如在家里招待小伙伴等。

也有一些惩罚措施不应采取，以下几点值得家长们注意。

第一，惩罚不是目的。惩罚是为了让孩子有收获，日后能够有所改进。不要跟孩子翻旧账，只要保证孩子能改正错误，并且以后不再犯同样的错误即可。

第二，不要羞辱孩子。最有效的引导，是树立孩子的自尊心。不要让孩子在角落罚站，引导其他孩子孤立他，用言语奚落他，甚至让他在他在意的人面前下不来台，这些做法都会导致孩子的自尊心受挫，甚至可能会让他从此一蹶不振。

第三，在责备孩子、和孩子“谈话”的过程中，不要使用过于情绪化和不理智的语言。比如“你让妈妈的心都碎了”，“我

---

1 赫伯特·斯宾塞（1820—1903），英国著名哲学家、社会学家、教育家，被誉为“社会达尔文主义之父”。——译者注

要是被气死了都是因为你”等。

第四，不要把学习作为惩罚的手段。学习一旦成为惩罚的手段，孩子就可能产生厌学情绪。

奖励

所有人都渴望获得奖励和认可。奖励可以是金钱、奖品，也可以是某种权利、成就感、情感、荣誉、满足等。在教育中完全不考虑奖励机制是不切实际的。**在奖励的形式中，精神奖励是最理想的**。精神奖励可以让孩子变得越来越上进。物质奖励有很多弊端，不过效果却很好。因此，父母在使用物质奖励时，一定要关注其对孩子性格的影响，警惕孩子染上急功近利、唯利是图的习性。在教育中，物质奖励只能作为最后的“杀手锏”，最佳的奖励形式是给予孩子荣誉和权利。

效率

如果一个人不论是学习还是玩乐，做事的速度都是别人的两倍，那么他就相当于活了两个人的人生。我们生活的目标就是在有限的时间中，拥有更多的人生体验。因此，**效率是最有价值的财富。**在生活中，我们都见识过效率比其他人高很多的人，不论是体力劳动还是脑力劳动，抑或是两者的结合，在同等的时间内，有的人就是可以完成别人两倍多的事情。

一味追求速度就意味着不够用心，但效率和完成的质量都很重要。有的时候孩子会为自己的低效率找借口，如“如果时间够的话，我就能完成”，这种借口就像说“我如果知道怎么做，我就做了”一样，都不应该存在于孩子的概念中。

对于一些简单的行为来说，速度取决于一个人的反应时间，这是因人而异的，也无法通过教育获得实质性的改变。例如，叠信纸、装信封、封口、贴邮票等一系列简单且重复的动作。同时，疲劳程度和投入程度也是影响速度的两个主要因素。

但是，如果处理的工作包含大量烦琐的细节，比如办公室的工作，白领需要具备快速观察和判断的能力，以及快速排除干扰的能力和执行能力，这些方面的速度可以通过教育和训练加快。

父母可以给孩子日常生活中的一些行为计时，引导孩子减少所耗费的时间，来帮助孩子加快做事的速度。对于在短时间内就可以完成的事，大声数数是加快速度的有效手段，可以在孩子爱磨蹭的事上给孩子指令，比如“赶快站好做健身操”，然后大声数“一！二！三！四！”直到所有孩子都各就各位。

在发布让孩子取物的指令时，老师也要记录时间，直到孩子养成高效的习惯。假如老师想要从楼下图书馆拿一本书，可以说：“哪位小朋友可以用最快的速度帮老师去楼下图书馆把那本放在桌子上的红色书拿上来？”

“我去拿！我去拿！”孩子们自然会齐声回答。

“那好，我们这次就把机会给杰克吧！我们一起数一数，看他多久能够把书拿回来。一，二，三……”

孩子在家的时候也一样，父母应该关注孩子穿衣服、洗漱和其他日常活动的时间，如果孩子拖了太久，或察觉到速度训练收效甚微，可以适当剥夺孩子的一些权利或给予其他的惩罚。

专注力

专注力与效率是密不可分的，训练效率的同时也要进行专注力的训练。未经专注力训练的孩子磨磨蹭蹭1小时可能还不如经过训练的孩子60秒所取得的成果。

培养专注力和目标感最有效的方式是设置时间限制，或者将完成得快设为目标。**设置时间限制是提升专注力最有效的手段。**

很多人要是没有时间上的压力就无法专注起来，他们非要到临上考场之前、马上要上台演出了、火车马上要开动了或者文章马上要截稿了，才会急忙去处理那些拖延已久的事情。

因此，要想培养孩子的专注力和一心一意的好习惯，就必须让孩子追求效率，让孩子做每项任务都争分夺秒，或直接将效率和孩子的特权挂钩。如果孩子在时限内完成了任务，就允许孩子出去玩，否则就不允许玩。例如，父母可以说："你先把这个完成，做得好的话，你就可以去做自己想做的事情。"

一定不要给孩子规定一个模糊的时间点去完成某项任务，因为这样会让孩子变得更加磨蹭，反而降低了孩子的专注力。在工厂里面，工人们计“件”而不是计“时”，因为计“时”导致的结果与高效的理念恰好背道而驰。按天计酬的工人的工作效率无疑要低于按件计酬的，因为前者是在固定时间内取得固定收入，而后者是多劳多得，要尽量缩短单位时间以获得更多的薪酬。

对于容易紧张的孩子来说，限定时间在一开始可能会加剧紧张情绪。但家长坚持对速度的要求能有效缓解紧张，并让孩子保持专注力，从而确保高效。比如，在注意力训练中有一个“穿针”练习，第一个把针穿进去的孩子既紧张又兴奋，结果他激动得上蹿下跳，手也不停地颤抖，还发出咯咯的笑声，连说话都变得结结巴巴起来，那他最终一定会输掉比赛。因为速度需要稳定的情绪和高度的专注。

如今，父母和老师都意识到了专注力的重要性，并把专注力作为孩子应首要具备的能力。很多孩子在成长的过程中自然而然地拥有了这种能力，但是也有很多孩子需要费很大工夫才能做到专心致志。

不管你的孩子是上述的哪一种，父母和老师都可以通过一些方法帮助孩子培养专注力。比如，不断提醒孩子做好眼下的事，忽视潜在的干扰因素，每当孩子走神的时候就提醒他集中精神等。

此外，在第一章中还专门提供了训练专注力的方法。

训练方案

不管是在课堂还是在家里，老师或家长都可以使用下面的方案对孩子展开训练。

两到三小时连续训练

（适用于一个孩子或一个班级）

时段一	社交能力培养	10～15分钟
时段二	习惯养成	15～20分钟
时段三	讲故事	15～20分钟
时段四	肢体锻炼	15～20分钟
时段五	自由玩耍	20～40分钟
时段六	动手能力训练	20～30分钟
时段七	知识学习	10～15分钟

（可以融入第一时段）

连续训练和分散训练结合

（适用于一个孩子和来自一个家庭的几个孩子）

时段一	习惯养成	15～20分钟
时段二	动手能力训练	20～30分钟
时段三	肢体锻炼	15～20分钟
时段四	知识学习	10～15分钟
吃饭和玩耍时间		社交能力培养
睡前时间		讲故事
任何时间		习惯养成
间隙时间		自由玩耍

分散训练

（只适用于一个孩子和来自一个家庭的几个孩子）

起床	肢体锻炼
早饭时间	社交能力培养
上午	习惯养成/知识学习
午饭时间	社交能力培养
下午	动手能力训练

晚饭时间	社交能力培养
晚饭后	讲故事
间隙时间	自由玩耍和习惯养成
任何时间	习惯养成

第一章——习惯养成

习惯的本质

小宝宝第一次自己吃饭时，总是认认真真地拿着勺子，先把汤汤水水从碗里舀出来，再用小手颤颤巍巍地往嘴里送，弄得围嘴上、下巴上、嘴唇上到处都是食物。其实，在这段“艰难的历程”中，孩子的平衡感、姿势、肌肉的协调以及对距离的计算和方向的把握都很重要，因此独立吃饭对他们来说非常困难。不过，只要经过反复的训练，将它变成一种习惯，孩子就可以轻轻松松地自己吃饭了。

任何已经做过一次的事情，在第二次做时都会变得比第一次简单。做了十几次之后，就会变得轻而易举。要是做了一百多次，就成了一种“自然而然”的习惯，不必再刻意地关注和思考，便可以轻松完成，这就是我们习惯养成的过程。

试想，如果我们长期驾车驶过一条路，路面上就会形成车辙，我们再经过这条路的时候，也还会沿着这条车辙行驶。也就是说，如果我们的思维是一条河流，长期的流动会冲刷出一条河道，而这条河道就是习惯。

弹珠游戏中的弹珠和台球桌上的台球可以沿着无数条路径四散开来，因为桌面上没有凹槽来限制它们的路径。我们的大脑中也有纵横交错的路径，但是每一条路径上都遍布凹槽，每个凹槽都属于一条特定的路径，从而形成一条既定的思维之路。就像是迷宫游戏中的弹珠一样，即使我们用了很大力气想要把它摇晃到另一条轨道中，也常常无济于事。再比如，我们先把钉子钉牢然后拔出来，再重新试着把钉子插进去，这颗钉子会严丝合缝地保持原来的方向。

习惯指的是人在不经意间做出的而不是刻意为之的举动。有一个小故事是这样说的，一个退伍老兵走在街上，当他突然听到有人喊“立正”时，他下意识地把手里的包裹扔到地上，赶忙举起手来敬了个军礼。

在面对陌生的人或环境时，突如其来的压力可能会让孩子失态，忘记该有的举止。玩得太疯也会让孩子忘乎所以。因此，在孩子参加聚会之前，即便你事先告诉他要怎么做才妥当，他也很有可能会把你的指令做错，或者干脆把你的叮嘱抛之脑后。对于任何一件事，只训练孩子一两次，他还是会稀里糊涂的，但是如果不断地进行训练，孩子最终一定会养成习惯，就会下意识地按照训练的方式去做了。

我们不是生下来就有习惯的，习惯的形成就像人会长高变壮一样，是成长的必经之路。同时，习惯也分好坏，这都是我们无法逃避的。在我们的日常生活中，习惯无处不在，无论是穿衣、吃饭、交流还是工作、玩耍等，凡此种种都有习惯的参与。其实，这对于我们来说是一种幸运，习惯让我们在生活中不必劳神费力地对穿衣打扮这种小事刻意注意、思考和做决定。但是，在处理日常琐事变成习惯之前，我们常常会为此浪费很多时间，就像还没学会音阶就要去弹奏协奏曲一样。

人们有一个共识——性格的塑造是现代教育的主要目标。但事实上，在性格养成的过程中，学习只占很少的一部分。一个人的性格本质上是他所有好习惯和坏习惯的总和。这里所说的好习惯和坏习惯，并不是狭义上道德方面的好坏，而是一个人当前和未来有关身体、心理和道德观念上的综合表现。

好习惯是最值得赞美的品质，而对于坏习惯，人们总是避而远之。尽管所有父母都知道拥有好习惯对孩子的成长有重大的意义，也经常对孩子谆谆教诲，甚至用很多格言警句告诫孩子好习惯的重要性，但我们还是倾向于把习惯的养成归结于一些偶然的际遇和环境潜移默化的影响。在教育中，我们对习惯的培养过于随意，并没有真正把它作为教育的重要环节之一。

孩子某些特定的经历，可能让他收获一个好习惯，也可能形成一个坏习惯。如果只靠“机会主义”，那长期的结果自然是好习惯和坏习惯各占一半。而教育的任务是培养孩子良好的习惯，培养出对个人和社会都有益处的习惯。比如，孩子穿衣时要快、要细致，不能拖拖拉拉、邋邋遢遢的；吃饭时要得体、不挑食，不要没有吃相、只吃一些垃圾食品；说话时要温和、恰当，不能支支吾吾或者说一些不合时宜的话；工作时要认真、高效、勤奋，不能马马虎虎、懈怠懒惰；运动时要有毅力、有体育精神，不能萎靡不振，没精打采；思考时要有逻辑、要公正，不能反复无常、夹带个人偏见……综上，父母要不断培养孩子的好习惯，并且摒弃他的不良习惯。

习惯的形成

许多人认为好习惯在好的环境或榜样的影响和熏陶下才能形成；同样，坏习惯只是恶劣环境和坏榜样的产物。这其实是一个误区。

实际上，习惯是通过不断重复而形成的，这是养成习惯的唯一途径。当人们重复用特定的方法做某件事时，将来再做时也会沿用这种方法，这就形成了习惯性行为。比如，孩子练习弹奏钢琴音阶时，经过了大量的重复，就能掌握应该用什么指法和顺序去弹奏，进而养成了习惯，弹奏的时候就可以一气呵成，不需要再去刻意地犹豫和思考。再比如，想要训练孩子随时捡起地上纸屑的习惯，父母可以先把纸屑扔在地上，让孩子捡起来，然后再扔，重复让孩子做捡纸屑的动作，就像人们在训练小狗给自己叼来报纸时的动作一样。等到习惯形成，孩子看到地上的纸屑就会产生条件反射，并立刻把它捡起来。

在养成习惯的过程中，有些重复是无意识的，比如孩子模仿大人用刀叉吃饭、从茶托上拿起杯子等；而有些重复是有意识的，比如学游泳、开车等，这些都需要孩子刻意去进行重复的练习。

对于无意识养成的习惯，我们要通过给孩子营造良好的环境培养。孩子的玩伴、保姆，尤其是父母，都会成为孩子下意识模仿的对象和榜样，他们日常的行为对孩子的习惯产生了极大的影响。

对于有意识养成的习惯，我们则必须通过训练的方式培养，这些习惯是无法只通过口头告诫就养成的。例如，如果你想让孩子轻点关门，在孩子“砰”地把门重重关上之后，你只口头上告诉他“下次轻点关门”是远远不够的。无论你告诉他多少次“下次轻点关门，不要使劲摔门”，他的肌肉记忆还是会让他做出摔门的动作。他也许会想起来下次轻点关门，但大概率是仍然不会，因为这件事的本质是孩子的习惯出了问题，而不是记忆力出了问题。即便孩子偶尔做到了一次轻轻关门，也只是少了一次摔门的行为，并不会从实质上改变孩子摔门的习惯。正确的做法是把孩子带到这扇门前，让他多次重复轻轻关门的动作，这样既能加强肌肉记忆，又能真正让他养成轻轻关门的习惯。

同时，在习惯养成的过程中绝不允许任何一次错误和例外发生，必须一直练习到正确的习惯根深蒂固为止。用训练的方式去培养习惯必须依靠长期的约束和监督，这样习惯才能得到强化。习惯是人的“第二天性”，在孩子习惯养成的过程中，任何一次松懈都会给后面的更多次松懈制造机会，习惯的养成就会半途而废，或者无限期地推迟，最终不了了之。威廉·詹姆斯[1]有一句话说得好：“每次松懈就像把手中正在仔细缠绕的线团松开；一次失误需要加倍地努力才能弥补。”所以，在新的习惯还没有稳定之前，家长和老师绝不能忽视孩子每一次的松懈，必须让孩子感觉到，如果自己没有做到十全十美，就一定会得到大人的纠正。就如同我们在训练小狗讨食吃的时候，如果小狗有几次没有讨食就吃到了食物，那之前的训练也就白费了。同理，我们在训练孩子说“谢谢”的时候，如果孩子某一次没说“谢谢”也得到了奖励，那之前对孩子礼貌的培养，就很可能前功尽弃了。

孩子的天性是逃避困难并选择走捷径，因此，如果我们想培养的习惯需要孩子坚持不懈，那我们就要在这个习惯养成之前关

1 威廉·詹姆斯（1842—1910），美国心理学家、哲学家、教育学家，美国机能主义心理学派创始人之一。——译者注

闭通向捷径的大门。这样，当他想走捷径之门时，看到门是关着的，就只能被迫收回脚步，折返到正路上去。慢慢地，他就会放弃走捷径的想法，但前提是他知道通往捷径的门是关闭的，如果这扇门时不时就打开了，孩子还会想碰碰运气，侥幸地盼望自己能够进去。

孩子屡教不改是因为大人在孩子的坏习惯养成之后才开始去纠正，或是因为纠正的过程没有连续性，还有可能是之前没有进行过习惯养成的训练。

对于大人们而言，培养孩子的好习惯，恐怕是世界上最难完成的任务了。但这件事还是值得父母和老师竭尽全力的，因为拥有了良好习惯的孩子，不管是在当下还是未来，都能给家人、同学、朋友以及身边的人们带来欢乐、亲切感和满足感，同样也能让孩子自己成长为一个受欢迎、友善、阳光和成功的人。

总之，在习惯养成的过程中，请务必严格要求孩子，通过重复的练习，让孩子觉得好习惯是轻而易举、自然而然的，而且在它根深蒂固之前，永远不要给孩子误入歧途的机会。

改掉坏习惯

除了帮孩子养成良好的习惯之外，父母和老师还应该纠正孩子之前养成的坏习惯。

从习惯形成的原理和过程来看，纠正坏习惯的方法显而易见：一旦纠正的过程开始，父母应绝不允许孩子再重复自己的坏习惯。纠正时，不能有任何破例的情况发生，否则孩子便会重蹈覆辙。

如果孩子有不按时吃饭的坏习惯，家长要做的不是减少他们不按时吃饭的次数，而是对此绝对制止。对待孩子坏习惯的态度要像拔牙一样干净利落，不能采用循序渐进的方法。

但是，正如雷德斯多克以及其他一些教育家所说，即使是一个好习惯，也可能面临“极端化”的风险，甚至会进入一种一成不变的刻板状态。如果一个人只能通过相同的刺激才能做出特定的反应，或者无法因时、因地地调整自己的行为举止，那么一旦他面对的环境和场合发生变化，他就会感到无所适从。

极端化习惯有一个更大的缺陷，即习惯行为准确度的界定会变得模糊。著名演员约瑟夫·杰弗逊就曾遭遇过极端化习惯的影响，他在饰演瑞普·凡·温克尔这个角色时，之前经过了无数次的排练，这导致他在整个表演过程中，对自己要说的话、要做的事都会下意识、机械地演绎出来。因此，为了不让自己的表演太过僵化和乏味，他只能强迫自己专注于每句台词、每个姿势以及每个动作。

然而，对于孩子而言，极端化习惯对他们的影响常常可以忽略不计，尤其是本书中所进行的习惯养成训练不会使孩子出现这种问题，因此家长不必过于担心。

不过我们还是主张，应该对孩子进行不同于日常生活环境的训练，预防孩子出现因条件改变而不安的情况。家长可以参考“习惯训练延伸”中的建议。

习惯训练的目标和方法

接下来，我们将提供一些专门的训练方法，帮助孩子养成服从、善于观察、做事专注等良好习惯。

要养成服从的习惯，我们要训练孩子理解和执行指令的能力；要养成善于观察的习惯，我们要训练孩子的听觉、视觉和触觉等多种感官；要养成做事专注的习惯，我们要训练孩子长期保持注意力的能力，并不断增加注意力的持续时间。每个时段可以使用一个课程进行练习，要不断地重复，直到习惯真正养成，此后可以再适时重复以巩固训练的成果。我们此前已经谈及习惯养成的原理——习惯是通过不断重复而形成的。因此，只在训练方案中指定的时段进行练习是远远不够的，因为这只是培养良好习惯的起点。真正要做到的是，无论何时何地，无论面对什么样的场合，孩子都可以将好习惯发挥得淋漓尽致。

服从性训练

服从性指的是孩子迅速、准确地完成指令的能力。它是对孩子展开教育的首要条件，因此也应该是父母培养孩子的第一个习惯。

培养孩子服从的习惯，能让孩子变得听话、懂事，其重要性不言而喻。在学校中，无论是在学生新入学的阶段，还是在日后的整个学习生涯，服从都对孩子有着不可估量的价值。比如，如果孩子在入学前就接受过系统的服从性训练，那么他就能够很好地执行指令，老师也不必花费很长一段时间对孩子进行专门的学前教育和入学指导，从而为教育节省大量时间。

所谓的服从不仅指的是道德上的服从，即遵从法律和权威，而且包括让孩子拥有服从的能力。即使是一个非常听话的孩子也可能由于缺乏训练而无法很好地执行指令。实际上，**大多数孩子不服从指令并不是孩子故意为之，或者存心与大人作对，只是不理解应该如何根据指令的内容去执行，或者由于自身的惰性，不愿意去理解和执行指令。**

如果由一个陌生人向孩子发出指令，孩子很可能会无动于衷。例如，老师对一个新来的孩子发出“坐下”“起立”“看这里”的指令。即使老师的声音非常洪亮，孩子仍然会困惑，并且不会按照老师说的去做。这个年纪的孩子当然听得懂老师的话是什么意思，而且对老师也没有抵触情绪，他只是不能把指令中的“坐下”“起立”“看这里”和自身的行动联系起来。从语法的角度说，老师的话对孩子来说是一个陈述句，而不是祈使句，只是在陈述一个事实，并不是发号施令。因此，老师可能需要手把手地教会他要站起来、坐下、看这里，同时对他下达指令，直到他能够把指令和行动联系起来为止。这种情况就像我们训练小狗躺倒的时候，会边把小狗按在地上，边说“躺下、躺下”。老师也可以让班里已经具备了这种能力的孩子做示范，让其他孩子去模仿，还可以在指令前面加上名字，比如“约翰，起立”，或边用手示意约翰，边说“起立”，这样的效果就会更好。

另一种情况是，有的孩子已经能够很好地执行指令，但是由于自身的懒惰、任性、自私或偏执，就是不愿去执行。

服从指令的意愿和能力都是可以通过专门的训练获得的。事实上，如果早早培养孩子服从的习惯，意愿就不会是问题。换句话说，如果孩子一直都很听话且从不叛逆，那么就不会出现孩子因一时的情绪而不去服从的情况，因为习惯的力量是很强大的，这样的孩子一定会遵从指令，根本不需要大人插手。

因此，家长首先要做的事情是先去培养孩子服从的习惯，通过重复、坚决的要求，让孩子快速执行每一个指令，在这个过程中绝不允许有破例的情况发生。正如我们之前分析过的一样，任何的破例对习惯养成都是毁灭性的。有的孩子会找借口或拖延，说："我正在做……能让别人去做吗？"或者说："我想先做完……能等一会吗？"即使孩子的话听上去是有道理的，但依然会对习惯的养成造成危害，因此，家长绝对不能容许这种情况发生。

课程1　一般指令

模仿能力、指令语言

对孩子们说："在我说完之后立刻按照我说的去做。"然后对孩子们发出指令：

"起立！"

有些孩子可能很快就站起来了，有的孩子则会慢一些，有的会犹豫，朝四周张望，看看别的孩子有没有这样做，确认别人也这样做了，他们才拖拖拉拉地站起来。还有的孩子根本就没有注意到指令，而是茫然地环顾，或正专注于别的事情，好像这条指令与他无关一样。

当孩子们对于指令的执行程度差别很大时，就必须要跟他们说“大家都站起来”。说过之后再给孩子们解释清楚：“当我说起立的时候，你们所有人都要起立，有约翰、玛丽，你们所有的人。”随后，再发出指令：

“坐下！”

不断地重复“起立”“坐下”这些指令，直到周围的孩子都真正理解了你的要求，能够快速、安静地遵守，并且不会有任何犹豫和拖沓。当然，这种训练方式不是为了教会孩子理解“起立”“坐下”的意思，而是为了培养他们快速理解和执行指令的习惯。孩子一定知道你让他“别吵了”或者你喊他“过来”是什么意思，但没有经过服从性训练的孩子很多时候是不会去做的，或不会立刻就做，或不会欣然接受指令，因此，开展这些练习的目的就是希望通过严格的训练，让孩子养成服从的习惯。只有从生活中一点一滴的小事开始练习，孩子才能在日后养成更复杂、更有价值的习惯。

在简单指令练习之后，对孩子发出分类型指令：

“男生们，起立。”

“女生们，起立。”

“女生们，坐下。”

……

老师也可以通过模仿训练孩子：首先自己示范上面的指令，

之后让孩子们去模仿，然后老师再一次发布指令，这次不再进行示范，由孩子们自己执行。或者更好的方法是，先让孩子们闭上眼睛，在你发布指令和他们执行指令的过程中，让孩子们不要把眼睛睁开，以免他们会下意识模仿班级中其他孩子的做法。直到孩子可以不看其他同学，自己迅速地完成指令，这项训练才可以告一段落。

继续训练，发布指令：

“举起右手。”

同时，老师自己举起右手，向孩子们展示哪一只手是右手。如果你是面对着孩子们，那就举起左手，因为当你说“举起右手”时，他们会模仿你，举起跟你同方向的那只手。按照同样的方式，再指示孩子们模仿你的动作举起左手。与此同时，要关注那些犹豫、抢跑、举错手的孩子们，对他们进行单独的训练。接下来再进行重复的训练，让孩子们闭上眼睛练习。随后，给孩子们发出其他指令，比如：

“向上看，向下看。”

“面向右边，面向左边。”

“把双手放在头顶上、放在椅子下、放在背后。”

“起立，用右脚站立，用左脚站立。”

“向右转，向左转，坐下。”

"鼓一次掌，鼓两次、三次。"

综上，第一步，全班孩子们一起训练，让孩子们模仿你；第二步，让孩子们闭上眼睛，你发布指令，让孩子们执行；第三步，对不熟悉指令或者执行速度慢的孩子进行单独训练。

课程2　非重复性低声指令

服从性、注意力

想要培养孩子养成服从的习惯，最关键的是要不断地重复服从指令的练习。大喊大叫或者威胁孩子是没有效果的。因此，可以参照课程1，以比较随意的语气对孩子发布指令，注意要压低音量。把不愿配合的孩子先单独安排到一边，直到孩子答应参与再让孩子回归班级。

要让孩子可以快速地执行这种柔和、低声的指令，就要注意指令的音量要控制在孩子刚刚可以听到的程度，而且要在孩子不经意的时候下达指令，比如孩子正在跟别人交谈或专注于其他事情的时候。这样孩子就能逐渐养成对声音敏感的习惯，就像是训练护士，只要病人出现轻微的状况，护士马上就能注意到。如果孩子正玩得兴起或正在做其他事情的时候，你突然打断孩子并下达指令，在这种情况下孩子很少会遵从，除非孩子经过训练而且常常因不遵从指令而受罚。但是经过训练后，即便孩子正在嬉戏玩闹或忙着摆弄玩具，也能立刻对指令做出回应，而且没有片刻的犹豫。虽然这样懂事的孩子比较少见，但是通过训练是可以做到的。

重复上述轻声指令的训练，直到孩子可以快速、果断地执行。

课程3　简单指令

服从性、准确性

准备好一组简单但多样化的指令，如：

“约翰，把门关上。”

“玛丽，把那本书拿给我。”

“把这本书拿给约翰。”

“给我倒一杯水。”

“关上窗户。”

“把椅子搬到我旁边来。”

……

先对一个孩子发出指令，等待他准确地完成后，马上询问全班的孩子们，他是否在各方面都完成得很准确，或者如果没有完成好，是在哪个方面完成得不够好。孩子在执行指令的过程中不能向老师提问，因此，如果指令本身就有多种完成的形式，那么孩子以任何形式完成都应被评判为正确。

第一个指令不应有任何歧义，但是在后面的指令中应存在其他执行办法，而且孩子完成与否应取决于其对指令的解读是否合理。所以，如果指令为“关上窗户”，且开着的窗户不止一扇，但老师并没有明确说明关上哪一扇窗户，那么此时孩子应该自己判断。比如，孩子可以思考风或雨会通过哪一扇窗户进来。

孩子每执行一个指令，老师都应该对其提出改进要求，例如“约翰摔门了”“约翰关门声音太大了”“约翰走路声音太大了”“约翰还在问是哪扇门”“约翰犹豫太长时间了”等。

在每个孩子都轮到一次后，就要把所有指令打乱顺序重新再轮一次，但也不要太过频繁，以免孩子们觉得疲惫或枯燥。最好不要每次都以相同顺序给孩子们发布同样的指令，因为即使每个孩子都会比上一次做得好，但是孩子很快就会觉得训练过程太过单调乏味，从而失去兴趣。

课程4　一般延迟指令

服从性、注意力、记忆力

准备好与上述训练中相似的一组指令，并告诉孩子们你将会给每个人都发出一个指令，但是只有当你说开始后，他们才可以执行指令。然后，老师宣读每一条指令，并在指令前加上每个孩子的名字，当全部宣读完毕后，说“现在，开始去做吧”。

课程5　否定性指令或禁令

服从性、记忆力、注意力、自控力

对于老师和家长而言，发布指令时都很忌讳对孩子说“不要做什么”。因为当你提醒孩子不要做什么时，你提醒的事情可能是孩子之前从未想到过的，这也就使他们有了想做这件事的念头。比如，妈妈出门之前叮嘱孩子“不要把豆子塞进鼻孔里”，而这之后，孩子就真的把豆子塞进鼻孔了。从心理学的角度来看，所有的想法都是行动的前兆，人们会下意识地实施自己的想法，而“不要做”更能强调这个想法的突出性，让它更具吸引力，从而人们更有可能实施这个想法。

不过，禁令可以压制这些想法，所以我们要培养孩子遵从禁令的习惯。虽然在此过程中，家长和老师应该尽可能不要对孩子提及一些他们陌生和不太可能发生的情况。但是，为了达到约束的目的，训练孩子遵从禁令是非常重要的，因为大多数的规则都是禁令——“不要……”

面对着离你较远的孩子，并告诉他们你将对他们进行服从指令的练习。告诉孩子们，在你发出“不要看”这个指令后，他们不可以东张西望，在任何情况下都不行，即使是你让他们看别的地方也不可以，直到最后你说“时间到”，练习才可以结束。

在进行上述练习时，当发出指令后，老师可以用一些小手段去引诱孩子看向别处。比如讲一个故事，“杰克和吉尔一起登山”（同时跺脚模拟登山的脚步声），“他们要去打一桶水”（在黑板上画水桶），“杰克摔倒了，砰的一声”（把椅子碰倒），“他的王冠碎了”（把桌子上的书摔到地上）等。或者突然对着一个孩子说“看我”，或者突然兴奋地拍拍一个孩子的肩膀等。

课程6　双重指令

服从性、记忆力、注意力

参照课程3准备一组指令，并对每个孩子都发布两条指令，如“约翰，把那本书递给我，然后把它放在桌子上”。接着，再按照课程3的方式进行下一步的训练。

课程7　双重延迟指令

服从性、注意力、记忆力

参照课程6准备好一组双重指令，按照课程4中的方式进行训练，即把所有的指令都宣读完毕后，再让孩子去执行。

课程8　禁令

服从性、自控力

告诉孩子们你将要让他们进一步练习“不要做”的指令。然后，发出指令：

“在我说‘时间到’之前，你们不要发出任何声音。”

发布指令后，可以允许孩子们动动头、胳膊、脚等，甚至可以走动，但如果孩子们有任何不遵从指令的行为，就立刻没收这种特权。在孩子们进行练习时，要仔细观察、倾听有没有人发出声响，也可以让孩子们一起加入倾听的行列中来。老师必须关注孩子们的一举一动，看看他们是否有发出声音的行为，不管孩子是有意还是无意的。在五分钟之后，宣布“时间到”。并与孩子们讨论，如何能够更好、更轻松地完成指令，然后重复训练。

随后，让孩子们选一个能够长期保持且舒服的姿势，训练孩子们不仅不发出声音，而且要保持不动。可以让孩子们假装自己正在拍照片，告诉他们，任何细微的动作、移动、抽搐（眨眼和呼吸除外）都会把照片搞砸。然后说：

“在我说‘时间到’之前，不要做任何动作。”

两分钟之后，宣布“时间到”，因为这个过程对孩子来说比较煎熬，所以缩短了时间。但是，在下一次训练中，应尽量让孩子保持五分钟或更长的时间。

或者告知孩子们，下面要进行“不要说话”指令的练习。在练习的过程中，为了训练孩子们遵从指令、在任何情况下都不说话的习惯，老师要干扰孩子，主动跟孩子们说话，或者问他们一些问题，让他们感到惊讶，但原则是他们在任何情况下都不能张口说话。让他们假装自己是哑巴，就像动物一样，没有语言能力。

训练开始，老师先发布指令“不要说话”，随后可以讲一个故事，或谈论一个孩子们常常会问的话题。如果孩子们都没有受到干扰的话，可以突然随机问某个孩子一个问题，试图让孩子放松警惕并本能地去回答。

再或者告诉孩子们你即将离开房间，并且告诉他们你不在的时候，他们必须要坐在固定的位置上，他们可以做自己想做的事情，但前提是不能让屋里其他人听到自己发出任何声音。首次离开的时间大约为5分钟，这一次离开只是让孩子看不到自己，但是老师要听着室内的声音。当你回来时，要询问哪些孩子没有遵守指令。老师可以把这项训练作为一个小游戏，孩子们没遵守规则就视为游戏失败，但老师不必因此生气，更不能让孩子们互相打小报告。

课程9 保守秘密

服从性、注意力、自制力

训练孩子保守秘密的习惯。首先要先向孩子们解释“保守秘密”的意思，告诉孩子要非常小心，一定不要让秘密泄露出去。要保守秘密的首要前提是不能让别人知道自己有秘密，因为一旦别人知道了，就有很多种方式能够旁敲侧击地获取这个秘密。然而，如果人人都知道孩子有一个秘密，当被人询问时，孩子最安全的答案就是“我无可奉告”，就如同很多律师对客户所说的那样。此时，回答“是”或“不是”都很糟糕，因为聪明的提问者可以通过排除法，诱导对方说出自己想要的答案。

训练的方法是，让一个孩子告诉另一个孩子一个秘密，然后老师可以采用盘问、哄骗等方式或激将法，对得知秘密的孩子进行追问，如：

“让我猜三次，猜对了告诉我好吗？”

“是这样吗？是那样吗？”

“我知道怎么回事了，一定是……”

“我才不信你真有秘密呢！”

“我谅你也不敢说！”

“你是因为害怕才不说吧！”

“你告诉我，我就告诉你一个秘密作为交换。”

孩子的答案应该一直保持这样的方式，即“我无可奉告”。

还可以跟孩子们玩聋哑人游戏。在游戏中，让孩子们装作聋哑人，不论老师如何诱导孩子们下意识地失误，孩子们都得装作自己听不见也不会说话。

比如，老师可以说：“看我！”孩子们应该装作听不见，不看向老师。

此时，老师还可以继续接着上一句说：“所有人！”让不警觉的孩子们出错。

或者还可以说：“想听我给你讲个故事吗？”以此来让孩子放松警惕。

课程10　判断指令

服从性、观察力、判断力

准备一组指令，在指令中给孩子们留出一些可判断的余地，比如不限定执行的地点或执行的方法等。比如：

“约翰，去把窗户关上（此时，有好几扇窗户都是开着的）。”约翰不能询问是关哪扇窗户，只能根据情况或通过指令进行判断。

“玛丽，去帮我把笔拿过来。”玛丽不能询问“笔放在哪里了”，只能通过之前的经验或猜测笔大概率会放在哪里去判断拿笔的地点。

“亨利，帮我把大衣拿过来。”亨利不能询问“大衣在哪儿”，只能去大衣可能在的地方找，直到最后成功找到为止。

课程11　复杂信息指令

服从性、记忆力

准备好一组“去取、去找”的指令，指令中包含一些孩子可能不理解的信息，如：

“去……拿来一本叫作……的书。”

“去门卫那里拿一把锤子、螺丝刀、十颗钉子和五颗螺丝。”

“去……拿来三个信封，两张信纸。”

“去……拿来一码[1]长的绳子和半打别针。”

下达指令后，让孩子口述一遍指令，确保执行前，孩子对指令信息的理解是准确的。

课程12　时间指令

服从性、记忆力

准备一组指令，要求孩子在指令发出之后的某个特定时间再去执行，比如到了12点时再执行。在表上向孩子指示出执行指

1　1码=91.44厘米。——译者注

令的时间点，并要求孩子严格按照规定的时间去执行指令，之后不再对孩子进行提醒。此训练中可使用前文的取物指令。

这样，孩子不仅要记住指令，还要记住执行指令的时间，并在时间到时能够独立完成。

或者准备一组指令，并要求孩子们在当天的指定时间完成，如：

“约翰，十点时，给我倒一杯水。”

“玛丽，十点半时，把我的手套拿来。”

“亨利，十一点时，去把窗户打开，露易丝去把门打开。”

“弗雷德，十一点半时，提醒我发一条信息。”

到执行时间时老师不要再提醒孩子。

课程13 “西蒙说竖起大拇指”

服从性、注意力、专注力

“西蒙说竖起大拇指”的游戏，既包含指令，也包含禁令。由老师自己或老师指定一个孩子作为西蒙，然后当西蒙说“竖起大拇指”或“放下大拇指”时，孩子们不能动；当西蒙说“西蒙说竖起大拇指”时，孩子们才能跟着指令竖起大拇指；如果说的是“西蒙说放下大拇指”，那孩子们就要放下大拇指。如果此时孩子手指的动作与西蒙的指令要求的相同，在指令过后保持不动即可。此外，这个游戏还可以进一步细化为左手的拇指还是右手的拇指。

课程14　未来指令

服从性、记忆力、远见

准备一组指令，并要求孩子第二天再去执行，比如：

“约翰，明天早晨给我拿一本你的图画书。”

“玛丽，明天给我拿个娃娃。”

“亨利，明天给我拿一片彩色的树叶。”

……

课程15　班级职责

服从性、记忆力、责任心

准备一组指令，每个指令包含一项任务，并要求同一个孩子在每天固定的时间去执行，到执行时间时不再提醒孩子。选择的任务要对班级有实际帮助，而且是孩子力所能及的，这样既能增强孩子们对班级的归属感，又能让他们感受到自己在班级中的价值。如：

“约翰，每天九点前，把这些椅子摆放好。”

“玛丽，每天九点前，把花都浇完。”

“露易丝，每天中午给钟上弦。”

“弗雷德，每天要打扫卫生。”

……

老师准备这些任务时，应该让有的做起来是愉快的，有的是不愉快的，但孩子们都要愉快地接受自己的职责并认真完成，不能推卸也不能发牢骚。老师要让他们养成可以欣然接受职责的习惯。每到一个星期，老师应更换孩子们的任务，让他们轮流尝试愉快和不愉快的任务。

秩序与整洁训练

显然，不论从美观还是实际生活出发，秩序与整洁都是我们所追求的。进一步分析会发现，人们外在的秩序和内在的秩序也是密不可分的，那些经常邋里邋遢不修边幅的人，他的思想和逻辑也通常是混乱的。因此，**想要拥有高效的思维能力，在工作中做到高效，就要加强秩序和体系的培养。**

课程 16　打扫房间

把废纸、积木和玩具散落一地，再让孩子们把它们捡起来，并把废纸放进纸篓，把积木和玩具放进相应的盒子里。

课程17　放回原处

把房间里物品的位置故意弄乱，比如，把大衣放在椅子上，把帽子放在桌子上，把锤子放在书桌上，把毛巾放在书架上，然后再让孩子把每件物品重新放回正确的位置。

课程18　整理房间

把家里的家具和摆饰故意弄乱，让椅子对着墙，让墙上的画向一边倾斜，把桌子弄歪，把遮光帘拉上去等，让每个孩子轮流把这些家具重新摆放好。

课程19　整理纸张

在桌子上摆上各式各样大小相同的纸张（明信片和信封等），将它们混在一起，然后让孩子们按照正面朝上且方向一致的规则整理，并把每一种类型的纸张进行分类，各叠成一摞，直到边缘完全整齐。

课程20　整理书籍

把一摞大小不一的书籍堆放到一起，让每个孩子去进行整理，按照封面朝上、由大到小的规则平整地摆放。

课程21　整理杂物

把书籍、杂志、报纸、信纸、信封等不同的物品胡乱地堆放在一起，然后让每个孩子轮流进行分类，把不同的物品进行分类整理。

课程22　整理书桌

让孩子观察桌面上、桌布上或者抽屉里的物品及位置。然后把它们全部拿走，让孩子把再把它们重新放到原本的位置上。

课程23　布置餐桌

向孩子们展示餐具在餐桌上该如何摆放，随后再让孩子们独立布置餐桌。

课程24　整理橱柜

向孩子们展示橱柜里或储藏室壁橱架上物品的摆放顺序，然后把顺序打乱，让孩子们重新摆放整齐，同时要把同类的餐具摆放在一起，如杯子和杯子放在一起，刀和刀放在一起，叉子和叉子放在一起等。

课程25　整理个人物品

让孩子养成在每次使用过物品之后将个人物品收纳整齐的习惯。比如，孩子脱衣睡觉时，应该把衣服叠好，平整地放在椅子上，或者挂在衣架的挂钩上。

观察能力训练

我们常以为孩子不需要经过专门的训练，就可以具备很好的观察能力，因为人只要拥有全部的器官就能够看得到和听得到世界上所有能被看到和听到的东西。但事实是，很多人即便没有器官上的缺陷，也经常会“视而不见”和“充耳不闻”。**我们所谓的“看”和“听”有时是迟钝的，并不能观察到细节，也无法在头脑中留下什么印象。**

音乐家能够察觉音色的细微差别，而这是普通听众根本无法察觉到的；画家能够注意到脸部的轮廓，眼睛的颜色、位置和间距以及其他面部细节，这也是未受过专业训练的人看不出来的。

大人总是说孩子获取知识的来源并不应该局限在书本上，应该让他们直接观察身边的世界，但是我们却忽略了要教会他们如何观察，只自以为是地认为把事物和环境呈现给孩子们就足够了，而剩下的步骤应该由他们独立完成。这样的教育方法就造成了孩子学习效率低下的后果，不仅浪费了很多时间，还浪费了资源和机会。

因此，**要想开阔孩子们的思维，让他们更好地观察世界，就要训练他们的各种感官，通过练习使他们具备观察与分辨的习惯，这是通往“如何学习”的第一步**。这项能力的优点和意义不言而喻，但是很少有人会告诉你如何获得这项本领。因此，家长需要培养孩子们的注意力、专注力、联想能力和记忆力等，我们随后会针对这些能力进行专门的课程训练。

等到孩子上了学或者到了学习的年龄，再去教孩子如何学习，这显然是不可取的。

通过嗅觉和味觉对孩子的观察力进行专门训练的效果是最显著的。训练孩子的嗅觉和味觉，并不是说能够区分味道和气味的价值有多大，而是这项训练可以充分调动孩子的观察力和分辨力。但其他感官的训练却并非如此，像触觉、听觉、视觉的训练，主要就是为了获取它们本身代表的这项能力。

课程26　味觉

观察力、分辨力

准备几杯水，分别为纯净水、盐水、糖水、酸水、苦水。然后给每个孩子一根吸管，或者使用滴管，让他们依次闭上眼睛。

首先让他们品尝纯净水。

这时，老师下达指令："大家张开嘴巴，闭上眼睛。"说完，在每个孩子的舌头上滴几滴纯净水，然后对孩子们说"尝一尝味道"。等孩子们尝完，再让他们说出这是什么水，当所有孩子的答案统一时，就可以公布正确答案，告诉他们这是纯净水。

随后，让孩子们不要一起回答，而是一个一个地回答。先随机提问几个孩子这是什么水，如果他们都说"是纯净水"，就让所有答案相同的孩子举起手（这个年龄段的孩子很容易"随大溜"，所以要考虑到他们是不是在人云亦云）。如果班级人数不是太多，做这个训练时，老师可以把每个孩子叫到耳边说出自己的答案。最后，再公布正确答案："是的，是纯净水。"

随后，把纯净水换成盐水，并重复这个过程。如果有孩子说出"是盐水"，有孩子说"是酸水"或者"是纯净水"，那么在这次的练习中，先把认为是不同水的孩子们分开，可以是站着、坐着或举起手等，最后再公布正确答案。

以同样的方式，用杯子装一些稀释的果汁或糖浆，如巧克力、香草、草莓、覆盆子、菠萝、橘子、桃子、樱桃、薄荷、冬青等，再继续进行练习。但要注意的是，每一轮只品尝一种味道，以防对孩子的胃造成不适。

课程27　嗅觉

观察力、分辨力

用鲜花，或在小玻璃瓶里装一些花粉或溶液，但要用纸把瓶身完全包住，不要让孩子看到瓶内的东西。

可使用康乃馨、紫罗兰、天竺葵、玫瑰花、鸢尾花、芹菜籽、咖啡豆、鼠尾草、雪松油、柠檬、丁香、薄荷、冬青、松节油、薰衣草等的提取物。

对于很小的孩子，在正式分辨环节开始之前，老师可能需要先让他们熟悉不同的花或香料的味道，加深他们对于不同香味的印象，以便接下来顺利开展训练。

让孩子们传着闻这些小瓶子，同时让他们进行判断。第一天的训练不要让孩子们分辨五种以上的味道，否则会让他们的嗅觉产生疲劳，进而难以分辨不同的味道。如果孩子感冒了，那么进行这个训练的结果也是不准的。

与味觉训练相同，老师将小瓶子轮流传给每个孩子，让他们闭上眼睛，并告诉他们有三次闻的机会。在训练的过程中，老师需要适时地添加溶液或花粉，让香味保持充足。然后让在场的每个孩子都说出瓶子里装的是什么，在此过程中，老师不要发表任何意见。

最后向孩子们解释香水的知识，告诉孩子们如何在适合的场合使用。

课程28　触摸纺织品

观察力、分辨力、知识

准备一些手帕大小的布料，保证每种布料的材质不同，如天鹅绒、羊毛、蚕丝、棉花、亚麻、缎子、棉缎、粗麻布、灯芯绒、硬麻布、毛毡、帆布、粗棉布、麂皮、皮革等。

在这个练习中，先将大约六种布料轮流递给孩子们进行观察，并告诉孩子们它们的材质，如“这是天鹅绒”“这是羊毛”“这是蚕丝”等，并让他们认真地触摸每一种布料。

然后，与孩子讨论每一种布料的用途，哪种料子是适合做夏装的，哪种是适合做冬装的；哪种是做衬衣的，哪种是做手帕的，哪种是做衣领的，哪种是做装饰品的；哪种是做窗帘的，哪种是做座套的等。

随后，让孩子们闭上眼睛，轮流通过触觉进行分辨，比一比谁可以准确地识别出最多品类的布料。

课程29　触摸衣物

观察力、分辨力、爱干净

在练习之前，要求孩子们以做外科手术的标准把手和指甲都清洗干净。首先要帮助他们理解普通的干净和外科医生做手术时的干净之间的不同，然后让孩子们做到后者的干净程度。之后，把孩子们带到洗手池旁反复洗手，直到他们已经把小手搓红，而且任何污渍都看不出来。手彻底洗干净后，让孩子们轮流闭上眼睛，通过摸小伙伴的衣服辨别这是谁。

课程30　触摸材料

观察力、分辨力

此课程与前几个很相似，先准备各种材料，如木材、金属、硬胶皮、软胶皮、玻璃、石头、瓷器、熟石膏、砖块、硬纸板、吸墨纸、软橡木、稻草、彩穗带、钢丝网、蜡笔、石蜡、肥皂、黏土、金属罐等。

先让孩子们边看边用手将这些物品摸一遍，然后让他们闭上眼睛，并且告诉他们不能依靠形状来辨认，只允许他们通过物体表面的粗糙或光滑程度、温度、弹性、黏性以及是否成型来进行判断。这一组训练的难度较大，需要孩子具有敏锐的感知能力，所以不能过高要求孩子的准确率。

课程31　判断重量

观察力、分辨力、重量感知

准备好一个天平，在天平两边的支点上各放上一个重量相等的托盘，然后向孩子们展示天平的使用方法，相同重量的物体放在两个托盘上会使天平保持平衡，如果某一个托盘上的物体更重，则该托盘会向下倾斜，另一端就会向上抬起。然后准备两个大小相同的火柴盒，一个盒里装上玉米粉，另一个盒里装上沙子。让一个孩子闭上眼睛，左右手各拿着一个火柴盒来分辨孰轻孰重。然后让孩子睁开眼睛，把火柴盒放在天平上，验证判断是否正确。随后把火柴盒换成两本书或者两袋子物品，用同样的方式进行练习。

再准备两副牌，从其中一副牌中抽出几张放进另一副牌中，让重量发生轻微的变化，以此来测试孩子们对重量的感知能力。

课程32　蒙眼取物1

观察力、空间感

让一个孩子坐在椅子上，将他的眼睛蒙起来，再给他5个保龄球瓶，让他在面前的桌子上把保龄球瓶尽量按照相同的间距摆成一行。然后，让他随机把某个保龄球瓶拿给你。要求他在拿的过程中一定要快，而且不能触碰到其他的保龄球瓶，否则就算他挑战失败。

课程33　蒙眼取物2

观察力、空间感

在房间里的不同地方，如餐桌、壁炉、挂钩、书桌上放一些物品，如茶杯、瓶子、帽子、书等，然后在每件物品的附近放一个保龄球瓶。给孩子们一些时间先了解物品的位置并规划好路线，随后轮流给孩子蒙住眼睛，让他们帮你去拿茶杯、帽子等。在这个过程中，不能撞到保龄球瓶，否则视为挑战失败。

课程34　触摸纸张

观察力、分辨力

准备几种厚度不同的纸张，让孩子们用手指去触摸每种纸，然后分辨哪个厚、哪个薄。

课程35　“我看到了什么”

观察力

这个游戏的名字叫“我看到了什么”。每个孩子轮流说出一件自己当下看到的物品，让其他孩子去找，比如，

第一个孩子：“我看到了表。”

第二个孩子："表在墙上。"

第一个孩子："对了！"

第二个孩子："我看到了篮子。"

第三个孩子："篮子在桌子边上。"

第二个孩子："不对！"

第三个孩子："篮子在餐桌上。"

第二个孩子："对了！"

第三个孩子："我看到了戒指。"

……

课程36　寻找和重新摆放

观察力

这是一项效果很好的寻找物品练习。我们在生活中总是"视而不见"，即使大人也经常出现找不到东西的情况，但其实要找的东西可能就近在眼前。

把一些不同种类的物品悄悄放在房间里，比如，把一把剪刀放在书桌最上方的抽屉里，把足球放在书柜的架子上，把颜料盒放在桌子上面的篮子里，把一本红色的书放在书架最下面的一排等。确保每一件物品都在相应的位置上，准备好一组指令，然后让孩子们知道他们需要找什么，但要保证他们事先不知道物品的具体位置，以及要保证孩子们能听懂一些描述性的语言，如顶部、底部、红色等。对孩子们发布指令，把物品拿来，比如：“约翰，把书桌最上方抽屉里的那把剪刀拿给我。”“玛丽，把书柜的架子上的足球拿给我。”在这个练习中，要将物品的详细位置描述清楚，这样孩子就没有理由说自己找不到了。

当所有的物品都拿来后，再给孩子们发布指令轮流把物品重新摆放回原位，如“把足球放在书柜的架子上”等。

当然，同样的物品不要再分配给把它取来的孩子去重新摆放。

课程37 快速寻找

分辨力、观察力、速度

准备一组新的指令，并重复上一个练习。这次除了执行指令的孩子以外，其他孩子都要闭上眼睛，以免轮到他们时会凭着记忆找到该物品的位置。在每个孩子轮流找东西时，其他闭上眼睛的孩子与老师一起大声数数，来记录所使用的时间。比如，老师说：“约翰，从衣柜里把我的手提包拿来。”

老师和闭着眼睛的孩子们便开始一起数数：“一,二,三,四,五,六……”当约翰把手提包拿给老师，老师说“谢谢”之后，孩子们便可以停止数数，睁开眼睛。

课程38　快速寻找和重新摆放

观察力、注意力、记忆力

准备一组取物的指令，但是不要让每个孩子在听到指令后立刻行动，而是告诉孩子们等所有指令发布完毕之后再行动，比如老师说“现在，同学们可以开始了”，孩子们再一起行动。当每个孩子都取回物品后，老师要立刻指示他们再去摆放物品，但不要摆放各自取回来的物品。

课程39　找书

观察力、注意力

给孩子们展示一本书，并要求他们记住这本书的一些细节特征，如颜色、尺寸和厚度。让孩子们转过身去，老师将书随机插入书架上的其他书当中，然后让一个孩子以最快的速度把这本书找出来。在找的同时，老师要和其他孩子一起大声数数，直到执行指令的孩子找到这本书为止。

随后重复该练习，把书放到别的书架上或者其他位置，让孩子们轮流去找书，比比哪个孩子能够在最短的时间内找到。

课程40　颜色排列

观察力、分辨力、爱干净

给孩子们一个线轴，上面缠着刺绣用的丝线，丝线的颜色可以是红、橙、黄、蓝、绿、紫等，每一种颜色有多种色调和深浅。这个练习的前提是孩子们已经了解了各种颜色的名称。为了不让孩子们弄脏线轴精致的颜色，首先要求他们以外科手术的标准把手洗干净。在训练开始时，让第一个孩子选出所有的红色，可以酒红色为基准，分别排列出比它更深和更浅的颜色。

第二个孩子可以再以某种橙色为基准，以此类推。

课程41　匹配布料

观察力、分辨力、爱干净

准备一个装有多种颜色的布料的盒子，要确保盒子里面至少有两块布料的色调是一致的，但材质却不同。比如，盒子里有一块薰衣草色的棉布，和同色不同深浅的缎带、丝绒等。给孩子一块布料，让孩子找到可以与之颜色相匹配的其他布料。

课程42　选出合适的布料

观察力、鉴赏力、判断力

准备一个装有多种颜色的布料的盒子，如马德拉斯布、密织棉布、衬衫棉布等。让孩子们设想自己要做一件衣服，并分别挑选出制作衣服的布料。

再让孩子们分别解释自己挑选出该布料的原因，然后老师进行点评，在颜色设计和布料选择方面给出建议。

老师应该让孩子们了解一些色彩搭配的知识，比如有的颜色适合金发碧眼的人，有的颜色适合深色头发的人，有的颜色太花哨、太张扬，而有的颜色单独看起来是不错，但搭配在一起就很不协调。

色彩搭配的规则是非常灵活的，而且每个人的审美有所不同。所谓的品位和审美其实是培养出来的。因此，孩子要关注颜色之间的微妙差异，并长期体会不同颜色组合起来的效果。

老师在让孩子们接受自己对于色彩搭配的建议时，要对自己的见解非常谨慎，但是要让孩子们能够勇于提出他们对于色彩搭配的喜好和见解。

课程43　找颜色

观察力

向孩子们发问："你们能不能告诉老师屋子里面有哪些颜色呢？"也可以问户外或者是某一幅图画中的颜色。第一个孩子可能会回答："我找到了红色，你看到了吗？"

那么下一个同学说出红色所在的位置，或老师说出红色在哪里，直到第一个孩子说："是的，就是在这里！"

然后继续进行此练习，孩子们会越来越敏锐地识别出环境中一些不太明显的颜色，而且还可以认识一些不太常见的颜色以及不同的色调，如青铜色、棕褐色和肉色等。

课程44 "橱窗"训练

观察力、注意力、专注力、记忆力

在桌子上放十多种杂乱的物品，如书、玩偶、肥皂、剪刀、火柴、丝带等，注意不要让孩子们看到它们。可以先用一块布把它们盖起来，然后告诉孩子们一会揭开布之后他们要竭尽全力地观察并记住桌子上都有什么，因为老师很快就会把布再次盖上去。

随后，发出集中注意力的信号：

"准备好！"

随即把布掀开，然后开始计时，倒数五秒钟后再把布盖好。然后让孩子们闭上眼睛努力回想自己刚才都看到了什么，注意此时不要让孩子们急于说出答案，而是要让他们等待老师的下一个指令。

之后再掀开一次布，让孩子们确认或纠正自己刚刚脑中的记忆，但是这次只倒数两秒便盖上布。随后，让一名学生说出自己记忆中所看到的物品，如果他没能说全或说错了，可以让其他的学生进行补充和纠正。将此练习重复几次，每次都要更换桌上的物品且增加物品的数量，还要逐渐缩短掀开布的时间，当孩子们能够快速、准确地完成练习后，就可以省略第二次掀开布的步骤。这项练习可以训练孩子们的多种能力，值得每天或每隔几天就对孩子们训练一次。

课程45　环境观察

观察力、注意力、专注力、记忆力

带孩子们来到另一个房间门口，找到一个能看到房间全貌的位置，然后告知孩子们要从这个位置仔细观察房间里的一切事物，比如有几扇窗户、几把椅子、几个壁橱、几个书架、几幅画、几盆植物等。说明之后，便打开房门，说：

“现在开始！”

边让孩子们观察，边计时。数到十后关上门，然后让一个孩子尽可能全面地说出他所看到的细节，并让其他孩子进行补充和纠正。

课程46　找硬币

观察力、注意力、自控力

让孩子们玩“找硬币”游戏。首先让孩子们闭上眼睛或离开房间，然后老师把一枚硬币放在屋子里的某个位置，但是不要藏得太隐蔽，要保证硬币能被看到，比如放在钢琴的踏板上，或者玻璃杯下面等。做好后，让孩子们睁开眼睛或回到房间内，再让他们去找硬币，找到硬币的孩子要小声告诉老师硬币所在的位置，然后站在老师的身边，不可以用眼神、手势或惊叫声向其他孩子透露硬币的位置。当孩子们找到后，可以指定一个孩子去藏硬币，继续玩这个游戏。

课程47　换纸牌

观察力、注意力、分辨力

在桌上摆放12张大小完全相同的纸牌，一共摆放3排，每排4张。在练习开始之前，要先用布把纸牌盖起来。当老师喊出“现在开始”后，把布掀开，让孩子们注意纸牌的摆放位置。随后再把纸牌用布盖起来，或者让孩子们闭上眼睛、转过身去，与此同时老师随机调换两张纸牌的位置。然后让孩子们重新观察纸牌，找出哪两张的位置发生了变化。

课程48　描述一个同伴

观察力、注意力、礼貌

让一个孩子站到所有孩子的面前让大家观察，然后让他离开房间。随后，老师让其他孩子描述离开房间的孩子衣服的材料、款式以及他头发和眼睛的颜色等特征。但要注意的是，不能让孩子们说出一些不礼貌的话或人身攻击的语言。要让孩子们懂得“己所不欲，勿施于人”的道理。

课程49　描述一个人

观察力、分辨力、礼貌

让一个孩子去描述一个孩子们都熟悉的人，然后让其他孩子去猜测他所描述的人是谁。第一个猜对的孩子可以做下一个描述者。或者可以让孩子们描述任何一个曾经进入过该房间的人。

课程50　观察装束的变化

观察力、分辨力、注意力

老师先站在所有孩子们面前，然后开始缓慢地转身，让孩子们可以从各个角度观察到老师穿着的细节，以便他们在后面的观察中能够找出穿着的改变。随后，老师离开房间，对装束稍作变化。比如，把别针摘掉，或者把别针别在其他位置，把某个扣子解开，把手帕藏到衣服里或者从衣服里露出来一点，把皮带扣从前面转到后面，把蝴蝶结从左边挪到右边等。做完之后，老师再回到房间，让发现了哪里有变化的孩子们举手，然后点一个举手的孩子，让他说出答案。随后，让回答正确的孩子扮演你刚刚的角色，让其他孩子们继续观察。要注意的是，他的装束变化不应与老师的相同。

课程51　描述一幅画

观察力、分辨力、语言能力、欣赏力

准备好一组图画，最好是一些名画的复制品，要确保这些画都包含一些情节，如米勒的《第一步》。然后让孩子们认真观察这些画，要让他们做到不仅能够列举出画中所包含的人和事物，还能够描述画中所出现的情节。就拿《第一步》这幅画举例，可以问孩子们：“你在画中看到了什么？”孩子们的回答应该除了“我看到了一个男人、一个女人、一个孩子、一把铲子、一辆手推车、一个篱笆墙、很多树”以外，还包括“我看到这个男人，正单膝跪在地上，他朝着孩子张开双臂，孩子正被女人扶着，并对男人挥着小手，想要跑向男人。男人应该是刚刚干完农活，因为手推车被推到了一旁，铲子被扔到了地上。女人和孩子应该是在门口迎接他”。说完这些之后，再要求孩子们说出更多的细节，比如可以这样提问：

“男人是用哪条腿单膝跪地的？”

“孩子抬起了哪条腿？”

“手推车是空的还是装着东西的？”

“男人有没有穿着外套？”

“女人戴的是哪种帽子？”

老师可以改天再换另一幅画对孩子们进行同样的训练。当然，要告诉孩子们这些名画的名字，以便增长孩子们的见识。

课程52　猜画

观察力、分辨力、记忆力、语言能力

让每个孩子轮流描述一幅他们之前学过的图画的特征，然后让其他孩子去猜被描述的是哪一幅画。回答正确的孩子成为下一个描述者。

课程53　模仿图画

观察力、注意力、记忆力、模仿能力

准备好一组图画，可以是之前练习中使用过的，只要能保证画中人物的动作和姿势可以用来模仿即可。比如，拉斐尔的《天使图》或者《西斯廷圣母》等。让孩子们仔细观察这幅画，包括画中人物手臂的位置、手势、头部动作、眼神等。然后让孩子们去模仿画中左边或右边的小天使，或者让两个孩子一人模仿一个。孩子们要反复练习需要模仿的姿势，直到每一个细节都和画中的一模一样，甚至可以达到如果给孩子们拍一张照片，别人就可以立刻联想到该画作的地步。当然穿着和相貌肯定是不同的，所以不必对此过于苛求。老师还可以用一些类似《第一步》中戏剧性动作更多的图画来继续练习。

课程54　表演图画

观察力、注意力、记忆力、模仿能力、表演能力

让一个孩子把之前学过的一幅画作的内容表演出来，然后让其他的孩子去猜测他表演的是哪一幅画。表演的孩子可以自由选择要表演的画作，但要保证画作的名称在表演前不能泄漏出去。当然，如果他还邀请了其他伙伴一起表演的话，那么他可以告诉自己的同伴。

课程55　评论奇怪的图画

观察力、分辨力、判断力

准备一组图画，确保每一幅画中都有一些不协调、不符合逻辑或看上去很奇怪的地方。比如，长着四条腿的小鸡，手臂长在脖子上而非肩膀上的人，完全倒立的电话，穿着女人衣服长着胡须的大叔，朝着窗外看得出神的马，用扫帚挖地的人，只有三条腿的狗，没有指针或者有指针没有数字的钟表，能够同时看到上下面的鼓或桶，狗追着比自己还要小的奶牛等。

然后分发给每一个孩子一幅图，并让他们不要大声谈论。当谁发现画中有奇怪的地方时，可以举手示意让你来到他的身边，并悄悄告诉你奇怪之处在哪里。然后，让孩子们互相交换图画，直到每个孩子都观察过所有的图画后，就可以和孩子们一起讨论这些图画上的奇怪之处了。

课程 56　找到隐藏的图画

观察力、注意力、分辨力

准备一组有隐藏图像的画。比如，该画表面上看是一个老人拄着拐杖，但其实老人的胡子里还藏着一个仙女的图像，只有把图画倒过来才能看到她。这种图画往往能在一些杂志或报刊中找到。给每个孩子一张这样的图画，并告诉孩子们要找的隐藏图像是什么，当孩子找到以后，让他们悄悄告诉老师隐藏的画在哪里。随后可以让孩子把画传给其他同学，让那名同学再用这幅画练习。

课程 57　观察社区的细节

观察力、注意力

让孩子们在放学回家的路上去留意所有新奇、有趣的事物，并在第二天的交谈时段与大家分享。这些事物可以是电线杆上贴的一行字，可以是沿路某家窗台上的花盆，某个商店新搭上了遮阳棚，某条人行道正在维修，或者某一家正在粉刷装修等。

课程58　观察社区的细节

观察力、注意力

问孩子们社区里最近的信箱、药店、消防警报器、钟表、诊所、公用电话亭、电报局分别在哪里，哪间房子外有百叶窗，哪间房子有门廊，哪间房子的形状是弓形的，哪里有大理石台阶等。

课程59　观察社区的细节

观察力、注意力、分辨力、记忆力

让孩子们观察社区里房子的所有重要细节，然后轮流询问“某某东西在哪里”或“在某某地方能看到什么东西”这类的问题。回答正确的孩子将成为下一个提问者。在这个练习中，老师应教会孩子们区分哪些细节是重要的而哪些细节是不重要的，并将不重要的细节剔除。

角落里的那所房子是木头房、砖房还是石制的房子？拐角处的那所房子是三层高还是四层高？马路对面的房子是红色的还是黄色的？街上的那间平房有一扇门还是多扇门？

课程60 “新来的陌生人”

观察力、方向感、礼貌、戏剧模仿

让孩子们把你想象成刚来到这个城市的陌生人，你想要知道怎么走可以先后到达宾馆、邮局和火车站。然后让一个孩子告诉你他能想到的最短、最快的路线。随后，再找另一个孩子询问刚刚的孩子所说的路线中有没有需要调整的地方。然后找一个孩子扮演陌生人的角色，说出几个他感兴趣的地方，向扮演指路人的孩子询问路线。值得注意的是，要让指路的孩子表现出礼貌和友好，但也要保持矜持，不要太过于热情，显得自己像个“骗子”一样。

要让两个孩子来到所有孩子的前面表演，尽量把这个问路的场景表演得生动、逼真。

课程61 “如果不会做这个”

观察力、注意力

与孩子们做“如果不会做这个”的游戏。老师右手拿着拐杖对孩子们说：“你们要仔细观察，然后不仅要完全模仿我的一举一动，还要模仿我说的话。模仿得最像的同学可以来到我身边。”然后边用拐杖敲打地面，边说：“如果不会做这个，还有什么做得好。”随后老师把拐杖从右手换到左手，再将拐杖随机传给一个孩子，让他开始模仿。此时，孩子正在专心致志地想如何模仿老师的话语和敲打地面的动作，接到拐杖后，很可能会下意识地敲打地面、念出老师刚刚所念的话语，然后把拐杖直接从手中传给下一个孩子。如果是这样，那么他就挑战失败了，因为他忽略了老师将拐杖换了手的动作。接下来让每个孩子都轮流模仿一次，老师做裁判，只评价“做对了”或“做错了”。做对了的孩子就可以来到老师的身边，做错了的孩子则要重新模仿。当然，在老师身边的孩子不能通过语言、姿势、表情等任何方式暗示那些做错了的孩子他们错在何处。

课程62 “月亮圆圆的”

观察力、注意力

跟孩子们做“月亮圆圆的”这个游戏。老师边说“月亮圆圆的，有两只眼睛、一只鼻子和一张嘴”，边同时用左手的食指在空中画出脑海中月亮的形象。动作和描述要同步进行，说“月亮圆圆的”时，就画出一个圆；说“有两只眼睛”时，就点两个点代表眼睛；说“有一只鼻子一张嘴”时，就分别用一条竖线、一条横线来表示鼻子和嘴巴。当然，如果孩子惯用右手，就会下意识地想用右手的食指画，但老师刚刚所用的其实是左手的食指，因此孩子要通过观察发现这个问题。

课程63　你听到了什么

观察力、注意力、分辨力

让孩子闭上眼睛，保持安静，专注地聆听两分钟。然后，问他们："谁听到了五种不同的声音？谁听到了更多的声音？"让听到最多种声音的孩子说出自己都听到了什么声音。如果街上有四轮马车驶过，那孩子可能会说听到了车轮声、马蹄声和车轴的嘎吱声，这就算说出了三种声音。孩子们还可能说出更多，如时钟发出的滴答声或撞击声、椅子挪动的刮擦声、屋外大厅的脚步声、汽笛声、小贩的叫卖声、汽车鸣笛的声音、水流声、工人们的哼歌声和口哨声、淅淅沥沥的雨声、锤子的敲击声、铃铛清脆的声音、敲打暖气片的声音、窗帘摆动的声音以及用锯锯开东西时发出的声音等。

课程64　谁在说话

观察力、注意力、分辨力

先向孩子们解释训练规则：老师先悄悄地指定一个孩子离开房间，让他在房间外用与平常一样的语气说话，房间里的孩子要通过他的声音判断他是谁。

先让孩子们坐成一排，转过身去，而且要闭上眼睛。然后老师轻轻触碰一个孩子的肩膀，让他踮着脚尖悄悄地走出屋子，不要让其他孩子发现。这个孩子走出屋子后就可以正常说话了，让他挑选屋里的任意一个孩子猜一猜他是谁。或者也可以换一种玩法，让说话的孩子用手从身后蒙住一个孩子的眼睛，然后被蒙眼的孩子可以问说话的孩子几个问题，他要用平常的声音去回答，看蒙住眼的孩子能不能听出来他是谁。

课程65　这是什么声音

观察力、注意力、分辨力

让孩子们坐在座位上闭上眼睛，然后老师制造出一些声音，让孩子们轮流去猜是什么发出的声音。如敲击地板、墙壁、门窗、桌子、空心箱或玻璃杯的声音，拍手声或把两本书拍到一起的声音，打响指、搓手、跺脚或用鞋底磨地的声音，把报纸弄皱的声音，拧门把手的声音，在口袋里晃动硬币或钥匙串的声音等。

课程66　这是什么动物

观察力、注意力、分辨力

老师去模仿各种各样动物的声音，比如母鸡的咯咯声、蜜蜂的嗡嗡声、猪的哼哼声、马的嘶鸣声、狗的汪汪声、猫的喵喵声、牛的哞哞声等，然后让每个孩子轮流说出这是什么动物的声音。

课程67　会唱歌的玻璃杯

观察力、注意力、分辨力

给每个孩子两个玻璃杯，一个是空杯子，另一个里面装一些水。老师也拿两个杯子，先给一个杯子里加入一点水，然后敲击杯子，使其发出声音。再不断改变杯子中的水位，同时进行敲击，此时杯子会发出不同音高的声音。这可以让孩子们了解，杯子里的水越多，敲击时发出的音调就会越高，要是把水倒出去，敲击时的音调就会降低。然后让孩子们自行用面前的水杯进行实验，通过加水、倒水的方式，让自己的杯子能和老师的杯子发出相同的音调。一般来说，这个年纪的孩子对于音乐的感知能力都是比较差的，虽然他们也进行了音乐和节奏的训练，但是依旧难以分辨出音调高低上的差别，常常会在不经意间就跑调了。因此，这项练习对于孩子的听力有很大帮助。

课程68　调音

观察力、注意力、分辨力

准备好小提琴、吉他之类的弦乐器，老师先用调音器或钢琴弹奏出一个音符，然后让孩子们轮流通过调整乐器的旋钮使乐器发出与刚刚弹奏的相同的音调。

课程69　视唱

观察力、注意力、分辨力

老师先用“啊”唱出一个音调，然后让孩子们先一起唱，再轮流唱。或者老师在钢琴、调音器或其他乐器上弹奏出这个音，再让孩子们去模仿。随后，也可以用同样的方式让孩子们练习其他音调。

课程70　唱音阶

观察力、注意力、分辨力、模仿能力

老师先领着孩子们一起唱音阶，然后让孩子们单独唱。老师带着孩子们唱三度、五度、八度，在此过程中不断升调或者降调，并让孩子们跟着唱。

模仿能力训练

模仿的第一步是观察，模仿实际上就是把观察到的东西表现出来。孩子们很喜欢模仿，尤其是模仿那些荒诞、不寻常的事物，甚至可能在模仿的过程中会因为“越界”而失态。

课程71　哑剧表演

观察力、模仿能力

让每个孩子都轮流进行哑剧表演，其他的孩子在一旁观看。表演时，让观看的孩子猜一猜他演的是什么人物。可以让孩子演汽车司机、摩托车手、邮递员、木匠、马夫、渔夫、钢琴家、钢丝杂技演员、速记员，或者梳头发的女人、刮胡子的男人、打棒球或打网球的男孩等。并告诉孩子们在表演时要抓住角色的特征，要带有感情，不要只顾身体、胳膊和手指的具体动作，同时还要注意面部表情，这些都要尽可能地模仿和还原。

课程72　模仿语言和姿势

模仿能力

按照如下课程74的训练方法，让孩子们轮流去模仿不同的角色，但是这次要加上台词。比如，模仿正在打电话的男人、收取车费的售票员、给病人开药方的医生、迎接客人的女主人等。

课程73　双人表演

模仿能力

这次，让两个孩子一起表演，模仿一个情景中不同的角色。如妈妈或保姆正在帮孩子穿衣服，服装店的店员在帮女客人挑选衣服，一位绅士去朋友家里做客等。

课程74　看手势猜词语

模仿能力

把孩子们分成两组，每组轮流通过表演的形式呈现出一个词语的含义，另一组则要猜出这是什么词语。

联想能力训练

联想能力是最重要的思维能力之一。它需要我们将所观察到的事物与头脑中本就存在的东西联系起来并进行类比。我们的想象力、记忆力、创新力、机智与幽默、理性与判断力、概括和抽象化能力等，都取决于联想能力是否足够强大。如果没有联想，观察就变成了外部世界在头脑中的影像，与我们期待的能力背道而驰，同时也就失去了它原有的价值。有些人似乎天生就具备联想能力，而大部分人没有那么幸运。所以，我们要通过不断地训练把联想培养成习惯。

课程75　联想思维引导

联想能力

老师先说出一种颜色，比如红色，然后让每个孩子轮流列举出红色的事物，比如火、嘴唇、玫瑰、红宝石等。之后让一个孩子根据这些事物去进行联想，联想的角度多多益善，比如火可以联想到壁炉里的炉火、着火的房子等。然后再让另一个孩子把蓝色作为起点，想出蓝色的事物，然后再根据蓝色的事物去联想，以此类推。随后，再加大难度，让孩子跳过中间的步骤，直接说出最后联想到的事物，并要求他从最后一个事物往前推，解释自己联想的过程。比如，某个孩子可能会说："蓝色——一棵被雷电击中的树。"然后要解释联想的过程，蓝色可以联想到云，云想到暴风雨；暴风雨想到雷电；雷电击中了树。通常，联想都是瞬间完成的，想要从后往前追溯联想的过程实际上很难。

重复上述的练习，换一件物品或一个话题来作为起点。起点事物是随意的，窗户、别针、船、做梦、橘子、电影等都可以。老师要鼓励孩子们在交流时尽可能地拓宽自己联想的范围，尽量挑选一些有意思的联想跟伙伴们分享。

课程 76　谜语练习

联想能力

让一个孩子回答下面的谜语，并确保孩子能够理解答案的含义，如：

厨师什么时候最残忍？

答：快速打发鸡蛋和奶油时。

什么东西全身都是窟窿却能装水？

答：海绵。

三十四白马站在红色山丘上，时而原地踏步，时而屹立不摇。（打一个身体部位）

答：牙齿。

老妈妈杜希蕾只有一只眼，她还有一条长尾巴，每次她飞过一道缝隙，都会在里面留一点尾巴。（打一个生活中的常见物品）

答：针和线。

圆圆像苹果，深深似茶杯，国王叫来所有马，拉也拉不走。（打一个建筑部件）

答：一口井。

圆圆滚滚墙上坐，咕噜咕噜往下跌，咔嚓碎了拼不上。（打一种食物）

答：鸡蛋。

课程 77　说满两分钟

联想能力、注意力、专注力

此练习的时间要精确到两分钟整。给孩子布置一个话题，让他立刻开始谈论这个话题，中途不可以有任何的停顿。除了句子之间正常的停顿或者换气之外有任何明显的停顿，都算作失败。直到时间正好到两分钟为止。比如，老师给孩子的题目是“早餐”，那么孩子需要立刻就此话题展开叙述，如：“我今天起晚了（然后要沿着这个思路继续说下去），保姆没有及时叫我起床，她也睡过了……”

想象力训练

想象力是一种高级的智慧，它对于我们的现实生活和艺术审美来说都非常重要。天才的定义就是可以想象出现实中不存在的事物，而很多智慧其实就是想象力的灵光乍现，是天才发现了事物之间隐秘的联系。无论是发明家、创始人、作家、诗人还是画家或音乐家，一定都有丰富的想象力。不仅如此，能够在生活中享受文学、艺术、音乐这些“想象力的产物”的人，也一定是有想象力的人。所以，如果想让孩子在未来的人生中“能够聆听森林中树木在窃窃私语，在涓涓细流处觅得真理和知识，在路边巨石中收获奇妙神谕”，那他就必须从小培养想象力。

一些奇思妙想的童话故事和动画对孩子想象力的培养的确很有帮助，但不能忽视的是要培养孩子自发想象的能力。比如，让他把苹果酱想象成冰激凌，把面包想象成蛋糕，把白开水想象成柠檬水；蝴蝶是快乐飞舞的小精灵，花园里最高的花朵在给其他小花上课……

但是也要注意，孩子必须要明白想象只是想象，不能把它与现实混为一谈。这种混淆常常让孩子在讲故事的时候说谎骗人，所以父母既不能抑制孩子想象力的发挥，又要让孩子知道，故事只是故事，不是欺骗的工具。而且，当我们需要孩子回到现实生活时，孩子要及时从想象的世界里抽出身来，因为不加约束的想象可能会导致严重的后果。家长给孩子敲响警钟后，孩子拥有了健康的想象力，那么这一切的努力就弥足珍贵了。

课程78　描述想象中的场景

先让一个孩子走到窗边，然后给班里的孩子们描述他在想象中看到的东西，比如马戏团正在游行演出。或者把一本书或一张报纸给孩子们轮流传阅，再给每个孩子几分钟的时间“阅读”出书中想象的故事，或描述出想象中的场景。

课程79　假想

让孩子们假装相信你说的话，并把相对应的状态表演出来。比如老师说“想象现在非常冷”或“请表演出天气很冷的样子”。孩子们就该提提衣领，把头缩进外套中，用手捂住耳朵，对着手指哈气，做出冷得发抖的动作等。

还可以让孩子们表演在天气很热、刮大风、下雨、下雪等场景中的状态，让其尽情发挥想象力，仿佛身临其境。

注意力与专注力训练

之前的课程很多都涉及了注意力和专注力的训练，下面一些特定的课程是专门用于培养这种习惯的。

正如在基础指导中解释过的，**培养专注力最好的途径是追求效率，设置时间限制，把所有待完成的任务变成“计件”工作。**

当孩子产生了兴趣，那么注意力和专注力也就随之而来了。所以，下面有一些比较有趣的课程，可以让孩子对课程产生兴趣从而养成这种习惯。

课程80　穿针引线

先给每个孩子发大约6根针和线，在老师发布指令后，所有孩子一起穿针，完成得最快的就是获胜者。

课程81　吸管游戏

给孩子们准备很多不同颜色的吸管（或者类似吸管状的物品，如笔、筷子等）。把这些吸管放在一个盘子中，然后让孩子们去选择自己喜欢的吸管并把它拿走。一次只能拿一个，拿的时候不能碰到其他的吸管，也不能让它们移动，否则就算输。

课程82　倒药水

先给孩子们示范如何从药瓶中把药水倒出来。老师握着药瓶，让瓶身微微倾斜，让药水流到瓶口，把瓶口弄湿，这样慢慢地先倒出几滴，再用盖子把药瓶子盖上。随后让孩子们把药瓶打开，模仿老师刚才的动作，一滴一滴地倒药水，三滴、四滴、五滴、六滴……

课程83　解开缠绕的绳结

先故意把绳子缠绕在一起打成结，然后给每个孩子一个绳结，在老师发布“开始”的口令后，每个孩子同时开始解绳结，比一比谁解开得最快。

课程84　干扰与快速模仿

研究表明，不管一个人的专注能力多么强，在没有任何干扰的环境下总是可以更加高效地做事。所以，不论是学习还是做其他需要集中精神的工作，没有噪声和干扰是最佳的环境。但是专注力的训练则要反其道而行之，要在有干扰的环境中练习才能取得最好的效果。

先把孩子们分成两组，让其中一组孩子随意地去玩耍、聊天，以此创造出喧闹的环境，同时让另一组孩子做有关注意力和专注力的训练。老师要站在训练组的孩子们面前，做出各种各样的动作，让孩子们快速、准确地模仿，但注意不要对孩子有口头指示。模仿的动作可以是抬头、低头、看向左边；把手放在额头上、耳朵上、嘴上；用手指着屋子的角落，双手叉腰等。连续并快速地做这些动作，不给孩子们分心的机会。然后这两组孩子进行交换，再以相同的方式对另一组进行训练。

课程85　回答三个问题

向每个孩子轮流提三个不同的问题，要求孩子们在三个问题都问完后统一作答。老师要先问一些简单的问题，然后逐渐增加问题的数量和难度。比如：

老师说："我要问你三个问题，但是要等我都问过之后再按我问的顺序回答。开始听题！"

"这是什么颜色？"（老师同时拿起一条彩带。）

“那是什么？”（老师同时用手指着一幅画。）

“你喜欢喝牛奶吗？”

问过之后，孩子则可以回答，如：

“那是红色。”

“那是一幅画。”

“我喜欢喝牛奶。”

课程86 “公共马车”

给每个孩子都指定一个口令，比如司机、马鞭、马儿、车轮、门等。然后老师给孩子们讲一个故事，故事里要用到这些口令。当提到这些口令的时候，对应该口令的孩子要做“站起来，转一圈，坐下”的动作。当说到“公共马车”时，所有的孩子都要“站起来，转一圈，坐下”。老师跟孩子解释清楚训练规则后，就可以开始讲故事了。比如，故事内容可以是这样的：

“很久以前，有一个人要乘坐公共马车出远门。（说到公共马车时，每个孩子都要站起来、转一圈、坐下，老师不要停下等孩子做完动作，而要继续往下讲。）而司机（口令为司机的孩子做动作）挥动着马鞭，马儿们开始小跑起来……最终，公共马车掉进了沟里，翻了个个儿。”

老师还可以换一组口令，以同样的规则再进行训练，如马儿、窗户、门、楼梯、烟囱、梯子等，这样就可以讲一个房子着火的故事了。

课程87　指令和节拍

给孩子们下达一个指令让他们去执行，在下达指令的过程中，老师同时用尺子敲击桌面，打出一秒一次的拍子。孩子们此时既要听懂老师发出的指令，又要记住尺子敲击桌面的次数。比如，老师可以这样解释："我接下来要给你们下达一个指令，而且同时会用尺子敲击桌面。我希望你们在我说完之后，直接去做我说的事情，不能犹豫和提问，做完后还要告诉我，我一共敲了多少下。"在孩子们听懂规则后，老师便可以下达指令了（刚开始要先说得慢一些）。"准备好！每个人（开始敲击）从这个盒子里抓出一把鹅卵石，然后放在桌子上，再用右手把它们遮住，不要让（停止敲击）别人看到你有多少颗。"

课程88　数字和拍手

老师用尺子敲击桌子的同时打拍子，让孩子们在每三拍和五拍的地方拍一次手。这样，孩子们要自己在心里数着"1，2，拍手，4，拍手"。在孩子们习惯了这个节奏后，老师要改变拍子的间隔时间，再重复练习。还可以让每个孩子在第三拍时跺脚，第五拍时拍手。每当孩子熟悉了节奏就改变间隔时间。

课程89　背诗和数节拍

让一个孩子背诵一首他会的诗，同时老师用尺子打拍子。等到他背完之后，问他老师一共打了多少次拍子。

课程90　记忆练习

老师先缓慢、清晰地读一首诗（可以从第五章中选择）；读完后再读一遍，然后让一个孩子背诵这首诗。经过这种训练，孩子们便能做到只听一两遍，就记住好几行诗。

课程91　重复一系列事物

告诉孩子们，你将要说出很多事物的名称，然后看看谁能够在你说过之后，以同样的顺序把它们再重复一遍，而且不可以出错。随后，给孩子们发出指令“预备”。需要注意的是，选择事物时，要让它们之间具备一些联系，而且每个词都要大声说两遍，尽可能做到口齿清晰、语速缓慢。比如：房间，门；门，马路；马路，马车；马车，马；马，狗；狗，人；人，床；床，夜晚；夜晚，圣诞节；圣诞节，鼓；鼓，噪声；噪声，汽车；汽车，烟；烟，尘土；尘土，肥皂；肥皂，水；水，牛奶；牛奶，奶牛；奶牛，大树；大树，小鸟……说完后，让一个孩子去重复。这个练习看上去很难，但孩子们做起来会比较容易。只要孩子们注意力集中（他们常常会闭上眼睛让自己专注），他们可以复述的长度甚至超乎我们的想象。

课程92　同时听两个指令

让一个孩子做执行者，两个孩子做施令者。在老师说“开始”后，两个施令者同时对执行者发出一个指令，然后让执行者直接执行，并且不可以再问任何问题。

课程93　边听边说

让每个孩子都在心里准备一句话，然后悄悄地告诉他旁边的孩子，内容要尽可能短，比如，“明天是星期四”“今天是开心的一天”“我五岁了”等。

先让孩子们围坐成一个圆，然后在老师说“开始”后，每个孩子同时要对右边的小伙伴说出自己准备好的一句话。说话的语气要和平时说话一样平缓，不要太快或太慢。综上，每个孩子既要对右边的孩子说话，还要听清楚左边的孩子对他说的话。每个孩子准备的话都只能说一遍，不可以重复。等到结束之后，老师轮流让孩子们说出自己左边的小伙伴说的话，看一看他们说得对不对。

习惯训练延伸

显然，前面的训练课程并不详尽，使用这些课程的父母和老师在充分理解其精髓的基础上，可以根据自己和孩子的具体情况对训练内容进行调整、延伸，同时也可以自行开发其他的训练课程，以达到最佳的效果。

许多习惯也可以在后面章节的课程中逐渐养成。如有礼貌、无私是在社交中培养出来的；勤奋、准确、专注则都是在动手能力训练中培养的。

其中有一项极具价值的习惯，即自觉性，它和别的习惯不一样，它不是通过反复练习和家长、老师规定要去做什么就可以培养出来的，而是通过让孩子每天都主动去做些什么培养的。因此，最好的训练时机是在自由玩耍、动手能力训练和节奏与韵律这几个时段。这项训练主要针对那些习惯于模仿别人或总是等着别人起头的孩子。

有些习惯从本质上看不适合以划分时段的形式进行训练，它们只能在机会出现的时候进行培养。比如，我们无法训练一个孩子在害怕时展现出自控力，因为我们肯定不能为了训练而故意吓唬他，这样也达不到训练效果。但是，我们可以通过给孩子制造一些肉体上的疼痛，测试他承受力的上限，从而训练他变得坚强、勇敢。这种斯巴达式的训练方式只是听上去比较残酷，其实往往孩子们自告奋勇参与这种“挑战”。我听孩子们说过：“我很强的，你伤害不了我！”这种练习只要注意分寸，不让孩子受伤，那么对于他们来说就是很有意义的，能让孩子变得勇敢，蔑视小伤小痛，培养他们的精神意志。这样既可以让他们受益终身，又能让他们一家人的家庭生活更加和谐。

为了防止出现如“改掉坏习惯”一节中提到的极端化习惯，我们可以偶尔采取以下措施：

（1）改变训练方案，将时段进行调整。比如把讲故事和动手能力训练的时间进行对调，或者每天在不同的时间进行课程练习。

（2）调整练习的顺序，或改变执行的形式和方式。

（3）在不同的房间和环境中进行训练。

（4）让其他人代替老师或父母对孩子进行课程训练。

第二章

社交能力培养

人们在彼此接触的过程中所学到的东西往往是最多的。我们通过有意识和无意识地模仿，可以从朋友身上获得知识，也会受到他们一些行为举止的影响。在交往的过程中，我们可以学会忍耐和克制；迫使自己对他人的刺激做出反应；我们会因为害怕被他人超越而产生懊恼和羞愧的情绪，从而唤醒大脑自我防卫的思维机制，并尽自己最大的努力不落于人后。

因此，让孩子们交往是很有必要的，这样可以刺激孩子们的反应，从而为他们的健康成长提供一个良好的环境。

一个人可以放松地走在一条小路上，享受着安乐惬意。但当他走到人头攒动、车水马龙的繁华大道上时，他就不得不提起精神来，变得极其警觉，因为他随时可能钱包不保、被路人推搡摔倒、被路障挡住去路、找不到自己的车子，甚至被车撞倒。报童们的聪明机敏就是来自这种摩肩接踵环境当中的历练，他们习惯了在马路上闪转腾挪，不仅要留意信号灯、躲避车辆，还要伶俐地去寻找客户，千方百计地不让其他报童抢了先。

社交为孩子们提供了很多场景，他们为了能够获得最大的收获，就要逐渐学会如何与他人打交道。

如果老师给孩子们制定的训练方案是在每天固定的时间进行的，那么就可以借此让孩子们学会看表，根据钟表的指针判断时间，自行做好上课的准备。在老师没有提醒的情况下，孩子们要准时地坐在座位上，围成一圈。不要给孩子们固定座位，而是让他们根据自己和其他孩子的意愿去商量着选择座位。在这样的情况下，孩子们将变得通情达理，懂得谦让，为别人考虑。就像大人们在聚会时，往往不会坚持要坐在哪里一样。每天上课时老师都可以用同样的方式让孩子们进行练习，直到他们养成固定的习惯为止。

孩子们在上下楼梯时，如果遇到家长、老师或其他孩子，要学会打招呼，如“早上好”，并且要寒暄几句，说一些亲切的话语。

我们可以教孩子几句常见的寒暄语，比如“今天怎么样”“希望你能更开心”“今天真是个好日子”等，但是要告诉孩子们不要模式化地生搬硬套，而是要根据不同场合随机应变地说。不要让孩子忽视问候语，不是仅生硬地说一句“早上好”就够了，要让孩子养成亲切地与人打招呼和寒暄的习惯。虽然这看上去只是微不足道的小事，但是养成这个习惯的孩子就已经获得了非常宝贵的优势，这也是很多孩子都不具备或只有长大之后才能慢慢学会的。

如果孩子迟到了，要立刻去向老师道歉，就像成年人去别人家做客一定要守时一样，成年人如果迟到要去向忙碌准备晚饭的女主人诚挚地道歉。

基本礼仪

一些基本的礼仪可以反映出孩子是否具备良好的教养，但是人们却往往会以“他还是个孩子”为借口，而原谅他甚至忽略了孩子礼貌教养的问题。换句话说，如果孩子的言谈举止能够表现出好的礼节会更让人感到高兴，那么我们可以直接使用上一章习惯训练的方式来训练孩子的基本礼仪，而不必等待特定的场合和时机。

（1）进入一扇关着的门时一定要先敲门，在征得他人同意后再进入。进行这项训练时，老师要先让孩子走出房间，然后让他敲门，等待老师回答“请进”后方可进入。

（2）走在人群中时，孩子们要注意，如果不是迫不得已，不要从别人面前穿过，这是一种不礼貌的行为。如果不得不这么做，要说“不好意思”或者“对不起”。让每个孩子都轮流去房间的另一边拿一样东西，当他走到别的孩子面前时，必须要绕道走，或者说“对不起”之后，再从他人面前穿过。

（3）男孩子要有绅士风度，当老师、长辈或女孩子走到自己身边时，要站起身来，以示问候。老师和父母要创造训练条件，对男孩进行这项训练。

（4）女士优先，男孩要先让女孩就座，然后自己再坐下。

（5）在进门时，男孩要懂得谦让，先让女孩或年纪大的人进入。

（6）男孩要主动把座位让给老师或女孩，如果椅子不够了，可以去别的地方拿。

（7）男孩要主动帮女孩捡起掉落的东西，随时在女孩有需要时提供一些帮助。

（8）孩子们要通过言语、行动去关心他人，尊重他人的喜好和选择。

（9）对于他人的礼貌和友好相待，孩子们要说“谢谢”予以回应。

（10）孩子们不可以打断别人的交谈，即便有问题要问，也要等到别人的谈话结束。

（11）孩子们要学会用最简单的方式介绍朋友，如“你认识

B吗”“我给你介绍B让你认识吧”“我给你介绍一下B”。

（12）在离开或分开的时候要说“再见”，并且要表达自己很愉快，同时感谢对方的热情款待。

以上都是日常生活中的基本礼节，家长和老师要不断地训练孩子，不能只是时不时地指导几句或者任凭孩子依靠本能去发展。

当孩子们独自吃饭时，要训练他拥有良好的餐桌礼仪。而如果孩子们一起吃饭，那父母或老师就更要抓住这个机会训练孩子们的餐桌礼仪了。其中最重要的有：

要等待所有人都入座之后再开始吃饭；

先帮别人盛饭、拿餐具；

根据食量盛饭菜，不要喜欢吃什么就独吞；

吃饭时不要发出声音；

细嚼慢咽；

注意吃相，不要狼吞虎咽。

会话与交谈

在开展会话练习前，先把所有的孩子分成两组，而且要让每个孩子都参与进来。在练习的过程中，孩子们要严格遵守交谈的规矩，但是不必像在学校一样举手回答问题。

能够使用语言来进行交谈是人类主要的特征之一，人们通过交谈所了解到的语言、知识、观点要比通过其他所有渠道获得的加在一起还要多。

交谈的话题

天气话题。天气是所有话题中最常见的一个，尤其适合做早晨谈论的第一个话题。对于孩子而言，这个话题并不像我们成年人想象的那么乏味。相反这个话题可以给他们带来很多好处，比如可以促进孩子们观察和比较季节差异、了解气象条件的能力，加强他们对日历的了解等。所以，老师们在上课之前，可以先问问孩子们“今天是星期几呀”“今天是几月中的第几天呀”，然后再问孩子们“今天的天气怎么样呀”，还可以接着问孩子们“会下雨吗”“会刮风吗”等问题。

时节话题。天气谈论完之后，老师可以和孩子们讨论时间和季节。每个月的月初，老师要和孩子们谈论当下的季节有什么特征，这个月有什么节日和活动，要做什么准备等。这些都可以拓展谈话的主题并与孩子们做进一步的交流。老师可以给孩子们解释庆祝这些节日和活动的意义，并向孩子们介绍与之相关的历史故事和文化背景。

一般话题。在谈论过天气、时节的话题之后，接下来的话题就是比较常规性的，比如个人活动、新闻、新的发现、疑问、观点等。这时可以让孩子们自由发挥，谈论自己感兴趣的或者提前准备好的话题。这时老师应该只作为教练的角色，保证所有的规矩都得到了遵守，尽量不要参与到谈论当中。如果一定要参与的话，老师就不能把自己当成老师，而是要站在孩子的角度作为孩子中的一员去谈论。

知识话题。在进行过一般话题的谈论后，老师可以把为知识学习时段准备的话题放在这里谈论。可以先试一试，看看究竟是安排单独的时段让孩子们进行知识学习的效果好，还是把知识融入知识话题的谈论中效果好，然后再进行选择。

观点话题。在交谈时段结束后，老师应专门安排一些时间，要求孩子们对刚才提到的话题发表见解。这是一项非常重要的练习，这个练习不应该固定在某个时间进行，而应该穿插在其他训练中，如吃饭、做别的事情时。它不仅可以让思维比较懒惰的孩子勤于动脑，而且对任何年龄段的孩子都效果显著。

老师可以轮流问孩子们问题，让他们说出观点和理由，比如：

“A和B相比，你更喜欢哪个？”

“你认为它怎么样？”

“你为什么喜欢它？”

在训练初期，老师问孩子“为什么”时，孩子们可能会支支吾吾的，根本说不出原因。但如果老师持续对他们进行训练，他们就会逐渐习惯并在脑海中搜索答案，努力找到支撑自己观点的依据。这就达到了我们问问题的目的，即激发孩子们思考，让他们克服思维惰性，养成勤于思考的好习惯。

交谈的规矩

遵守交谈中的规矩是孩子们必须在日常训练中养成的习惯，它对于孩子来说意义深远，会使他们在交流中更加得心应手、应对自如。很多父母在家里也会给孩子立一些规矩，比如“不能大声喊着说话”或是“没让你说话时不要说话”，或者索性告诉孩子什么话该说，什么话不该说，什么时候能说，什么时候不能说，应该怎么说话，不能怎么说话……这样做会使孩子在步入社会之前，缺失良好交谈规则的练习和培养，为孩子未来的发展埋下巨大的隐患。

通常情况下，老师不应该参与到孩子们的谈话中，除非实在是不得已而为之。孩子们之间的互相交流才是宝贵的，而老师的任务只是站在那里随时准备纠正、指导和示范。这项任务看似简单，却也是非常艰巨的，因为需要老师极其严格地注意每个孩子的言语和情绪。

老师应先抛出一个话题让孩子们去讨论，然后再告诉孩子们最后要讨论到哪里，以此控制讨论的走向。在孩子们形成了正确的习惯之后，老师就可以完全不参与了，甚至可以做一些别的事情，或者以旁观者的身份听孩子们交谈，以便在孩子们需要的时候及时加入谈话。老师的任务是保证孩子们在交谈的过程中能够遵守下面的规矩，并让它们形成习惯。

（1）在没人发言的时候再开始发言，在别人发言时不要插嘴。

（2）说话不要滔滔不绝，要给别人发言的机会；当别人急于发言时，要让对方先说。

（3）发言要排除无关紧要或非常乏味的内容，否则不如不发言。

（4）在冷场时，要主动打破沉默。通过抛出问题等方式让气氛活跃起来。

（5）学会倾听别人的发言，可以继续推进别人的话题或回答别人的问题，但不要针锋相对地反驳。

（6）在发言或回答时要注意礼仪得体。

（7）要实事求是。

（8）注意措辞，要使用敬语。

这些规矩非常重要，因此有必要对其进一步阐述。老师要给孩子们解释为什么要这样做，让孩子真正理解它们的必要性。当然，最重要的还是让孩子们把遵守这些规矩养成习惯。

在没人发言的时候再开始发言，当别人发言时不要插嘴

好奇是孩子的天性，所以这条规矩对于他们来说非常困难。

大人经常对孩子说“你不要打断我说话”“你没有看到我正在说话吗”“等我说完你再说”，但孩子仍然屡教不改。这其实是因为孩子没有经过这方面的训练，父母偶尔的纠正不足以帮助孩子养成习惯。父母可能会很不解地说：“我明明都告诉过他无数次了不可以插嘴，这是最不礼貌的行为！”然而，父母要知道的是，孩子的交流对象不只有您，还有他的小伙伴们。您的孩子在与自己的小伙伴玩耍的时候，可能也曾无数次打断别人，而且插嘴的频率一次比一次高。如果想要孩子真正养成不插嘴的习惯，那么生活中任何一次的违反都是不允许的。

再重申一次，在习惯养成的过程中，绝对不允许有任何理由的破例。所以，在孩子与人交流的过程中，父母必须要监督他，绝不允许有任何一次插嘴的行为发生，直到孩子真正养成了这个习惯。

如果有两个人恰好同时开始说话，或者一个人说话时另一个人以为他说完了，所以打断了他，那他应该学会说“实在抱歉打断了您，刚才您想要说什么”。这对于成年人来说是司空见惯的情景，但是对于孩子来说听起来却像个早熟的“小大人”一样。实际上只要通过训练，这种良好的举止完全可以在孩子身上形成。

不要滔滔不绝，要给别人发言的机会

小孩子要是唠叨起来，甚至会跟有些啰嗦的老年人一样讨厌。孩子们的唠叨对于他们练习语言能力来说有一定的好处，但如果在日常交流中也不停地唠叨，那父母就一定要注意并及时制止他，直到孩子能控制自己说话的习惯。

乐于表达

有一个很好的练习方式，是让每个孩子每天准备一件有意思或有价值的事，这作为他们的一项家庭作业。在会话时段他们把这件事分享给大家。

习惯了这项练习的孩子将养成善于观察有趣和有价值事物的习惯（当然，这里所谓的有趣和有价值是从孩子的视角出发的），这种习惯一旦形成，会使孩子们获益匪浅。孩子们会逐渐积累素材，这将让他们在各种场合都能游刃有余地与人交谈。据说有一个以讲故事而闻名的人，他的故事是取之不尽、用之不竭的。他的秘诀就是每天收集和记录故事素材，生活中的事经过他的一番加工和演绎，就成为餐桌上的谈资。

学会倾听

当孩子们在听别人发言时，不仅要认真听，而且要表现出感

兴趣的样子。剧院有一个规定，舞台上的每个演员都要看着正在说话的演员，不管是通过表情还是动作，都要表现出认真倾听的状态。“看着说话的人”不仅是表面意思用眼睛盯着看，更要从精神上跟着说话人的节奏。孩子们一开始去遵守这项规矩的时候会像在军队里操练队列一样，猛地转头看向说话的人，就像长官下令“向左看”“向右看”似的。他们先是这样夸张地转头去看，但过不了多久注意力就涣散了。我们需要达到的效果是，礼貌地看着别人，而不要盯着别人看，更不要分心。两个人在说话时，尤其是接受指令或回答问题时，直视对方的脸是礼貌和坦诚的标志。

当别人刚刚说完一个话题，一定要回复或评论，以表明他的话并没有被忽视。如果没有回应别人的话题，而是突然转移到别的话题上，这是很不尊重人的表现。比如，一个孩子兴高采烈地说他家新养了小猫。这个时候谈话的另一方则不应该马上岔到自己感兴趣的话题上，如“我下周要举办一个生日宴会”，而是可以询问“你家新养了多少只小猫呀”或“它们长什么样子呀”“是什么品种呀”等。直到这个话题结束了，再去谈论自己的话题。当然，对于孩子们来说，这可能是很难的，而且如果仅仅是口头上要求他们，那只会收效甚微，但是经过练习，他们完全可以把它变成习惯。

在发言或回答时要注意礼仪得体

孩子们经常爱讲述自己或者家里的一些私事，而这些事情是不该对外人说的。比如家庭的经济情况、买了多少奢侈品、家里出现了哪些困难或父母如何吵得不可开交。而且他们还很喜欢打听别人的事情，甚至常常会问出一些不礼貌的问题，如“你这个多少钱买的呀”或“你的眼睛怎么这么红呀”。这也是需要家长注意的一个问题。

要实事求是

孩子们都是“小骗子”，他们常爱编些故事骗人。他们像生活在故事书中虚构的世界里，尤其是孩子们在交谈时为了能够听起来比别人厉害，他们常把想象中的事物当成现实夸张地说出来。作为大人，我们不能抑制他们想象力的发挥，但同时也要让他们知道童话就是童话，不能和现实混为一谈，更不能拿来说谎。

注意措辞，要使用敬语

在孩子向别人提问时，他的语气和神态要表现出感兴趣，不能一副随随便便、漫不经心的模样。相反，如果他们要回答别人的问题时，也要表现出礼貌和亲切。

小孩子说话很容易显得生硬，而且用词也常不够恰当，比如说话时总是说一两个字，反驳别人时语言太直接，常常忘了说“请”和“谢谢”，回答长辈的话时只说“是”或“不是”，而忘了加上一个敬语或称谓。

父母一定要尽早训练孩子注意措辞的习惯，要让他们说成“是的，史密斯先生”“是的，爸爸”“不是的，约翰叔叔”。此外，“是/不是+敬语”的模式在一段谈话中用得过多，也会显得很单调，这时可以换一换表达方式，比如“实际上不是这样的”“没错，谢谢您”，或者干脆省略掉，以免重复得过于频繁让对方感到不悦。

一定要让孩子避免当着很多人的面跟别人说悄悄话，这是一种非常不礼貌的行为。

语言表达

想要培养孩子拥有伶俐的口齿和抑扬顿挫的语调，不能只让他去学习语音规则，而是要在日常的听说和表达中去培养。比如，我们可以在会话时段去训练孩子养成语言得体、发音清晰的习惯，语调尤其是重中之重。孩子的语法问题相对而言没有那么重要，以孩子的年纪很可能还不能理解一些语法规则。此时家长对此给予过多的解释是多余的，家长只需要在孩子每次表达有误时，都对他提醒和纠正就可以了。这样长期坚持下来，孩子自然就具备很好的语言表达能力了。

语调

在语调方面，**父母要教会孩子把情绪投入语言中，**而不是武断地告诉他们应该说到哪里就要升调，说到哪里就要降调，也不能让他们自己随意升调降调。**抑扬顿挫的好语调不是教出来的，而是孩子在无意识的情况下根据语言背后的情感揣摩形成的。**

不管是在交谈还是朗诵时，语调沉闷和单一都是缺少情绪投入的表现。家长要鼓励孩子在讲话和运用肢体语言时都要情绪饱满，表达情感要淋漓尽致，这样才会让孩子的生活更有活力和乐趣。就像讲一个精彩的故事，如果死气沉沉的，用背课文一样的语气讲出来，那也会失去了故事原本的色彩；相反，如果故事本身比较乏味，但讲故事的人把它讲得绘声绘色，那故事也就被赋予了新的生命力。所以我们要做的不是让孩子说话矫揉造作、口若悬河，而是要让他们自然而然地在语言中融入情感。

声音

在生活中，**父母要随时随地纠正孩子的不良声音习惯，比如鼻音和刺耳的音调等**。很多家长对此都缺乏重视，因为成人平时很少去刻意分辨好听和不好听的声音，也不很在意别人的声音是否悦耳。

儿语

小婴儿说话咿咿呀呀，我们会觉得这种儿语很可爱，但是如果大一些的孩子还这样说话，父母就一定要纠正了。更糟糕的是，很多老师和家长为了拉近自己和孩子的距离，甚至自己也用这样的方式跟孩子说话。殊不知这样不仅不可爱，还会显得“愚蠢”，而且对于孩子来说是一个很不好的示范，会拖延孩子语言能力提高的进度。不管什么时候，一个人能把自己的母语说得标准是一个很大的优势，也是受过良好教育的体现。

口吃

口吃是由于心理或身体方面的因素导致的不良语言习惯。这种习惯也是积年累月形成的，所以最好的办法是老师和家长在口吃刚出现时就予以纠正，让孩子养成说话时从容和准确的习惯。可以根据下面的训练和规则帮孩子改掉口吃的毛病。

（1）让孩子远离有口吃的人，因为这个习惯是会传染的，孩子的口吃大多是模仿的结果。

（2）不要责骂、惩罚或嘲笑口吃的孩子。

（3）让孩子在开始说话前、说话的间隙或说话中感觉要口吃时，深吸一口气，调整好自己的气息，然后再开始说或者继续说。

（4）当孩子开始口吃时，父母要立刻喊“停”来提醒他，直到他养成口吃前会有意识地停下来的习惯为止。

（5）关注孩子常在哪些读音处出现口吃问题，然后每天督促他针对这些读音进行反复练习。

第三章 — 讲故事

故事的类型

讲故事是孩子成长和教育中必不可少的环节。因此，**故事的选择是很有讲究的。父母不能只注重故事的趣味性，还要给故事增添一些教育意义**，比如：

英雄故事和涉及美德的故事——促进孩子良好品质和性格的形成。

富有想象力的故事——促进孩子的想象力和创新意识，帮助性格平庸、刻板的孩子提升创造力。

幽默故事——让孩子在生活中感受到快乐，同时还可以培养他们获取快乐的能力，缓解在沉闷的教育机制下催生出的压抑情绪。

正如在前面基础指导中所说的，最有价值的故事能够为孩子提供可效仿的榜样，同时还能激发孩子的理想抱负。

并不是说故事中都不能出现粉墨登场的反派。相反，在教育中应该帮助孩子通过对比英雄与反派的差别来了解世界上本就存在善与恶，而这是我们在生活中不能避免的。

能激发孩子想象力的故事也是很有意义的。诺顿曾把想象力称作“最高级的智慧”，**阅读童话和小说是培养孩子想象力的有效手段**。如果一个孩子只对真实故事感兴趣，可能是因为他的性格比较刻板、较真儿，他们只会就事论事，而且缺乏想象力。面对这种情况，家长要引导孩子爱上小说，帮助他们培养缺失的想象力。

任何会让孩子感到恐惧和对孩子情绪产生不健康影响的恐怖故事，都不应该讲给孩子听。比如有的护士为了让孩子顺从，会在给孩子打针喂药的时候，故意讲恐怖故事吓唬孩子，这种行为是不可取的。

同理，反派角色和错误做法更受欢迎的故事也不应该讲给孩子，因为任何观点，不论好坏都有可能影响孩子的行为。**父母可以为孩子对比故事中的是非善恶，但是一定要非常警惕，把握好尺度，不要对孩子的价值观产生不良影响**。

家长在甄别故事的良莠后准备进行删减的时候，也要以常理为基础，加强自己的判断力。因为再好的故事，吹毛求疵的人也总能从其中找到一些“错误”。有时家长认为的危险的错误，可能根本就是一种太过吹毛求疵的行为或是一种完全不切实际的担忧。例如，有的家长抵制《三只瞎老鼠》这首歌，理由竟然是它教育孩子虐待动物，因为歌曲里有“农夫的妻子用刀子砍掉了老鼠的尾巴”这样一句话，按照这样的方式去帮孩子甄选故事简直太荒谬了。

还有一种故事像掩盖在讲故事假象下的“上课”，在讲故事的过程中不断给孩子灌输自然、科技等方面的知识，这其实是最糟糕的一类故事。知识应该用最直接的方式去传授，而不应该混杂在故事当中，因为讲故事的目的与传授知识的目的是截然不同的。因此，学知识和讲故事并不能相得益彰，放在一起只会不伦不类，让孩子既丢掉了乐趣，又没有学到本领。

参照上述原则，家长和老师就可以有依据地从各种渠道为孩子挑选好的故事了。当然，编一个故事讲给孩子也并不难，只要符合上述原则并且能够让孩子感兴趣就可以了。很多好故事都是根据场合临时创作或即兴发挥出来的，如果印到书上，就没有了当时在场听的气氛，反而失去了趣味。

综上，有教育性且适合孩子的好故事的特点是：包含英雄或美德、有想象力、有幽默感。不应是知识性过强、含恐怖元素、推崇负面形象和观点的故事。

好故事能够吸引孩子的注意力，以孩子的视角为出发点，应包含这些特点：动作和情节多、需要寻找答案、台词中重复的词句多、圆满的结局（比如“最终他们过上了快乐的生活”，讲给孩子的故事一定要有明确的结局，不要虎头蛇尾或是开放式结局）。

讲故事的方法

父母给孩子讲故事比孩子自己阅读故事更有吸引力，父母给孩子讲故事前要提前熟悉故事情节，再尽可能栩栩如生地讲给孩子。讲故事时，父母要将情绪带入故事中，要煞有介事，仿佛父母自己也对故事的内容深信不疑，并且在适当的地方要表现出惊奇、担忧等情绪，但也不要过于做作和浮夸。在做到自然、放松讲故事的基础上，父母还可以模仿故事中的人物，但要把握好尺度，要以讲故事为主，而不是把它变为表演。有的家长讲故事时会入戏太深，这样就显得有些荒唐和拙劣了。

在班级训练中，老师应每天为孩子们准备一个新故事，如果没有特殊的训练目的，一个故事就足够了。如果大多数的孩子都喜欢听某个旧故事，也可以再讲一遍旧故事。孩子们也可以自己讲故事，新旧故事皆可，因为这种练习可以有效地提升孩子的语言能力和表演能力。讲过故事之后，老师要留出几分钟的时间供孩子们进行提问、评论和思考，帮助孩子们更好地理解故事的情节和意义。

第四章

肢体锻炼

健康第一

家长们都理解“健康第一”这句口号对孩子的意义。**要是没有了健康，所有的智力教育和知识学习都失去了意义，所以健康是一切教育的“本钱”**。但是，父母只意识到健康的重要性还远远不够，因为很多父母的观念还存在着误区。他们认为让孩子天天在外边疯跑就能够获得健康，让孩子经受风吹日晒就可以变得坚强……卢梭甚至倡导家长们给孩子穿双破鞋子就可以出门，让孩子在风吹日晒中磨炼。但是这种方式对孩子们来说太艰苦了，尤其是处于快速发育期的四五岁幼童，这可能增加他们患上风湿性心内膜炎和其他慢性疾病的风险。

生活中有一个奇怪的现象，似乎越被呵护得好的孩子越容易患上感冒、消化不良等疾病。也有一些孩子，即便每天都到户外运动、呼吸新鲜空气，还是弱不禁风，稍微吹点风、淋点雨，温差大一点，或少穿几件衣服，就会生病。

身体的耐力和健康不应轻易受到温度和环境变化的影响，应该是坚韧、适应性强的。但这不是通过让孩子经风历雨就可以实现的。实际上，**相比外界因素而言，孩子健康的体魄是源于内在的，是要锻炼体能，锻炼心脏、肺部和肌肉的耐力的。**

最有助于孩子身体健康的因素是：

多呼吸新鲜空气。需要久坐的学习和活动是可以在室内进行的，其余都应该尽可能在户外进行。孩子应多呼吸新鲜空气。但是孩子去学校上课的时候，每天只有两三个小时是在户外的，剩下的时间都是在室内。而且有限的户外活动在实施上常不便，效果也不好。

多运动。但不要过量。

多睡觉。四到六岁的孩子每天应有十二三个小时的充足睡眠。

饮食规律。每顿饭之间吃很多零食对健康是极有害的。

均衡膳食。营养搭配要均衡，每天的饮食应该包括鸡蛋、牛奶、主食、肉、蔬菜、水果等。让孩子少吃糖，尽量不吃油酥糕点、茶、咖啡、泡菜、辣椒等。

保护眼睛。人们研究发现近视在很大程度上是由成长时期眼部疲劳造成的。在这段时期，孩子的眼球壁较为柔软，长时间聚焦于某物很容易导致眼部肌肉收缩，从而导致近视，并造成永久性损伤。眼部疲劳主要是因为长期近距离用眼和从事细致工作，或在照明不佳的情况下/强光下用眼。家长要避免孩子在光线昏暗时、在黑暗的角落里、在自己的影子里、在强光下或者反光处从事细致工作。

散光是指眼睛的屈光体表面弯曲度不一致，使物体进入眼睛时不能形成清晰的图像。在孩子的发育期，如出现散光症状，家长应使用眼镜对孩子予以矫正，因为如果不戴眼镜，孩子会为了看清物体而加剧眼部疲劳，从而引发近视。发育期过后，近视的风险也就降低了，如果散光不太严重，家长就可以让孩子摘掉眼镜了[1]。

不要让孩子揉眼睛。如果眼睛里进了异物，可以让孩子拉起上眼睑盖到下眼睑上，或者擤鼻子，这样可以使异物滑落出来。

保护牙齿。研究表明，牙齿的健康状况与在校学生的脑力和健康有着明显的关系。让孩子保持牙齿的健康可以使他们的思维

1 此方法为希利尔依据当时医疗水平及认知提出的。若家长对孩子的眼睛状况有更多了解的需求，请咨询专业医生，相关治疗请遵医嘱。——译者注

敏锐度增加一倍甚至更多。

孩子的乳牙，即最先长出的牙齿，不要人为拔除，应留得越久越好，这样可以让恒牙长得更加整齐，嘴和下颌的轮廓更加流畅。

孩子到两岁以后，牙龈不再那么脆弱就可以开始使用软毛的牙刷了。

刷牙时要上下刷，不要横着刷，晚上用牙膏刷牙，早上可以使用除菌消毒的漱口水。

不要让孩子用针或任何金属类、硬的物品剔牙，最好使用牙线。也不要用牙咬坚果或线头，不要吃太酸、太热的东西。

如果牙齿长得不齐，应该立刻去看牙医。六到十二岁是孩子恒牙生长发育的时期，此时颌骨的可塑性很强，所以牙齿不齐也比较容易矫正。

肢体锻炼课程

根据孩子个人兴趣调整和采用的锻炼形式，比未考虑孩子好恶就强加给他们的锻炼形式的效果要好得多。因为前者会让孩子投入极大的热情，孩子甚至会把它作为一项游戏，所以效果更好，孩子也不容易疲惫。而后者是父母硬性要求的，没有充分顾及孩子的天性，所以效果欠佳。

然而，有一类特定的锻炼是为了训练孩子的身体特长和矫正错误姿势的，这类锻炼应该对孩子们有硬性要求。虽然在玩耍时他们会不自觉地进行一些身体训练，但是为了保证身体的发展是全面、均衡的，也要对孩子们进行一些有针对性的系统化训练。仅仅跟着旋律扭扭腰、跳跳舞、玩耍一气，是不能有效地增强身体各方面的素质和矫正体态缺陷的。大多数驼背、八字腿或站姿、坐姿、走路姿势有缺陷的孩子，都需要进行做操的练习。这可以让孩子们养成正确的姿势习惯，从而增强他们的身体管理能力，让身体的每个部位都能更好地实现它们的功能。

这些训练通常比较简短、直接，应该在玩耍之前以游戏的形式进行。老师要注意不要让孩子过度锻炼，不要让他们过于疲惫，要把握好尺度。

老师要教会孩子所有这些肢体锻炼的方式，然后每天让孩子做一部分，也可以全部做一遍，但具体情况要取决于孩子的个人状况，应该以孩子做完锻炼但是不感到疲惫为准则。

老师和家长也不必常去使用一些新奇的训练方法，下面的这些训练就足够了。训练的要点不在于形式新颖，而是在于日复一日、长年累月的定期练习。

老师和家长要注意，我们训练的目的不是把孩子的力量提高到超出正常年龄发展的水平，而是帮孩子塑造正确的体态和身姿，矫正不良的习惯，让孩子在身体生长的过程中能够均衡且全面的发展。

挺拔的身姿对孩子的健康成长和发展是至关重要的。直立行走是人类的基本特征，也是健康和能力的标志。驼背还可能会引发肺部疾病。此外，不良体态有时也是智力低下的表现之一。

为了孩子的健康和良好的外观，家长要根据下面的课程对孩子进行训练。虽然谁也无法保证挺拔的身姿能伴随孩子的一生，但是不断地提醒孩子在日常生活中保持良好的姿势可以让孩子养成习惯，而且能促进他们的健康发育，让孩子随时随地像军人一样高昂挺拔。

锻炼1　坐姿

对孩子们下达指令："坐直！"发出此指令后，让孩子们坐直，头部和下巴向后缩，肩头向后收，脊柱离开椅背，挺胸收腹，把手放在大腿上，双脚平放着地。

对孩子们下达指令："放松！"发出此指令后，让孩子们尽可能靠着椅背，身体稍微放松，双脚或双膝交叉，双手自然垂下。

锻炼2　站姿

对孩子们下达指令："立正！"发出此指令后，让孩子们起立，身体略微前倾，把重心落在脚掌。膝盖和脚跟并拢，脚正对前方，双手平放在身体两侧，掌心朝内，头部、下巴、肩膀、胸部和腹部的位置和坐姿训练时相同。

以前训练时常要求孩子们脚尖朝外，呈现"外八字"的姿势，但这会导致扁平足或足弓破裂。在正确的站姿中，双脚几乎是直直对着前方的，只有这种姿势足弓才可以最大限度地承受行走、跑步和站立时的压力和疲劳。

从侧面看，头部、颈部、背部和腿部的轮廓应该是一条线，但不是垂直于地面的线，而是稍微有些前倾的线，以便把身体的重心直接落在支撑身体的双脚上。在训练时，老师可以从孩子的身后突然碰孩子一下，注意要用手指碰，不要推孩子。如果孩子失去平衡，那就说明他的身体没有前倾。同时要提醒孩子前倾是全身前倾，不是从腰部、脖子开始向前弯曲，要保证背部线条从头到脚基本上保持一条直线。

当然，所谓背挺直并不是说整个背部都是一条直线。人的臀部上方本就有一处曲线，这是正常的，但动作也不能太过夸张。有的孩子一说站直总是拼命地往后收肩膀，同时肚子就腆出来了，这样的站姿是错误的。

可以用手抚摸孩子的背部来测试肩膀的位置是否正确。如果姿势正确，那么孩子的整个背部应该是平的；如果肩胛骨没有使背部有突出的地方，那孩子把肩头往后收了。孩子的肩头向前倾会导致肩胛骨向后突，孩子就会看起来含胸驼背。

这个年龄段的孩子有一半的时间是在床上度过的，因此孩子的姿势在很大程度上受到睡眠姿势的影响。他们要么趴着睡觉，把脸朝向左边或者右边，要么就平躺着睡。在这两种情况下，都不应该让孩子使用枕头，以免孩子的头部变形。但是，如果孩子习惯侧身睡，那就必须要给孩子用上枕头。此时的正确做法是把枕头塞进孩子的肩膀和头部中间的空隙，以免头部变形或者颈椎出现问题。

对孩子下达指令："放松！"听到此指令后，孩子可以稍微放松精神，将身体的重心放在一条腿上，可以把一条腿向前伸出去或者伸到一边进行放松，还可以把一只手或者两只手放到臀部或腰带上，但是不要插到口袋里，因为这样做会使肩膀向前倾。

老师和家长只能允许孩子们在相对随意的场合放松时才能出现这种站姿，即便如此，也要保持警惕，不要让孩子把这种懒散的站姿养成习惯。在所有正式的场合中，比如对年长的人讲话或者需要表达敬意和礼节时，任何懒散的姿势，比如倚着门、墙或者桌椅，都是非常不礼貌的行为。同时，孩子的姿势也不宜太过僵硬、拘谨或不自然。

重复练习"站直"和"放松"的指令，反复训练孩子好的站姿，直到这成为孩子的习惯。

锻炼3　做操

每次训练时每组练习应完成6～12次，但是也不要过多。（过多的练习可能会导致心脏膨大和过度疲劳。）

要使训练达到预期效果，上述锻炼中直立的身姿是最关键的因素。

在每组训练结束后，再让孩子做三四次深呼吸。

训练1　前后摆动手臂。这项训练是针对胸部和肩膀的练习。

发出指令“预备”，然后老师可以给孩子们做示范，也可以由孩子们指定一个领操员，大家一起把双手伸到前面，两个手掌呈拍手姿势。

“1，2，3，4……”数到6或更多，让孩子跟着数字的节奏，把手臂尽量向后伸展，两只手臂要保持水平状态，同时踮起脚尖。完成后回到原拍手的动作。

训练2　身体向前弯曲。这项训练是针对全身躯干肌肉的练习。

发出指令“预备”，然后让每个孩子把手放在臀部，拇指和肘部向后。

“1，2，3，4……”数到6或更多，让孩子们跟着数字的节奏，尽量俯下身去，动作要领是胯部弯曲，而不是弯腰，完成后回到原动作。

注意直立的时候要让他们的头和身体保持一条线，既不要向前倾，也不要含胸。

训练3　侧身弯曲。

让孩子做与训练2类似的练习，这次身体向左右两侧弯曲。

训练4　伸手摸地。这项训练是针对背部的练习。

发出指令“预备”，然后让每个孩子都双手举过头顶，举得越高越好。

再喊出“向上，向下”，让孩子们根据指令做动作，胯部弯曲俯下身去，双手触地，注意腿不可以弯曲，完成后回到原动作。

训练5　下蹲练习。这项训练是针对腿部和身体平衡的练习。

发出指令“预备”，然后让每个孩子都把手放在臀部，拇指向后。

再喊出“向上，向下”，让每个孩子蹲下，蹲下时身体和地面保持垂直，膝盖弯曲，完成后回到原动作。

训练6　扭动训练。这项训练是针对全身躯干的练习。

发出指令“预备”，然后让每个孩子都站好，把双脚分开，双臂伸向前方，双手交叉握在一起。

再喊出“向下，向上”，让孩子们根据指令做动作，向下时将握住的双手在两腿之间摆动，向上时身体先扭动向右，手摆动到右侧，完成后回到原动作。随后再次向下、向上，这一次向上时身体扭动向左，手摆动到左侧，完成后回到原动作。

训练7　跳跃运动。这项训练是针对肺部、心脏和很多肌肉的练习。

发出指令“预备”，然后让每个孩子都站直。

“1，2，3，4……”让孩子们跟着数字的节奏跳跃，两脚分开很远，同时双臂从身侧摆动举过头。完成后回到原动作并重复。

训练8　呼吸训练。这项训练是针对气息的练习。

发出指令“深呼吸”，然后让孩子们慢慢将手臂举过头，同时用鼻子吸气，然后再慢慢呼气，重复三四次。如果孩子此时用鼻子呼吸困难，要带孩子去医院检查。

锻炼4　步行

让孩子们练习排成一列行走，最好伴随着音乐。他们要保持步伐一致，左脚要踩在音乐节拍的重音上。不过在刚开始训练时，老师只要确定孩子们是跟着音乐行走就可以了，不需要考虑是哪只脚踩着节拍。可以让孩子们在每一次落脚时敲一下鼓或者拍手，直到他们可以适应节拍，并且准确率极高为止。然后，他们可以每隔一次敲一下鼓或者拍手，比如每次只有左脚落地时才做。如果孩子左右不分，或者一直在犹豫，可以在他右臂上绑一条彩带，帮助他分清左右。但每次使用彩带时都要绑在同一侧，不能这次系在右边，下次又系在左边。

老师可以挑选出步伐与节拍一直配合得很好的孩子作为领队，并给他们一个小鼓或响板之类的乐器，让他们边走边打节拍，就像乐队游行一样。

在孩子们已经完全掌握了如何跟随音乐节拍行走之后，把拍子由四二拍转为四三拍。在孩子们也适应了四三拍这种更长、手臂摆动幅度更大的步态之后，再交替使用四二拍和四三拍让孩子们进行练习，直到他们能根据节拍立即调整步伐，不需要任何口头的指令为止。当然，这需要孩子们经过大量的节奏感训练和拥有极高的专注力，但是这也为步行锻炼增添了很多乐趣，尤其是几小节之后突然改变节拍，然后持续更长一段时间后又突然改变节拍，把训练和游戏融合到了一起。孩子们也会更加机警，以免节拍突然改变后变得手忙脚乱。

在孩子们走路的过程中，要矫正他们的错误姿势。要告诉他们应该站直，手臂自然地摆动并与身体保持平行，且大拇指朝前。不能手臂太靠前摆动，因为这样看起来大摇大摆的；也不能手臂太靠后，否则会显得有些木讷、拘谨。走路时脚步要稳，不要踮着脚或者拖着脚走路，每一步都要不重不轻、坚实轻盈。

让孩子们在房间里排成一列，然后沿房间平分线站好。每个孩子要与他前面的孩子保持约一臂的距离。（此时不要让孩子们用手臂去测量，而是用眼睛估测。这个小细节不仅为了队列美观，更为了锻炼他们的注意力和对距离的把控力。）做完这些之后，让孩子们开始列队前进。当孩子们走到房间的一头时，让他们左右分开，如第一个孩子靠右，第二个靠左，以此类推，交替站成两列。两列队伍分别朝着左右沿着房屋继续行进，直到他们又在另一端相遇。然后，两两一组，再朝着房间中央前进，到房间尽头时两组孩子分别一左一右向两边前进，形成四列队伍。如此反复，直到孩子们分成八列队伍。随后把这个步骤颠倒过来，八列变成四列，四列变成两列，最后变成最初的一列。老师还可以设计更多的列队练习，让训练变得更加有趣。

锻炼5　步行加指令

在孩子们排成单行行进的时候，发出以下几种指令。

“手放在臀部。”让孩子们把手放在臀部，继续行进。

“手放在脑袋后面。”让孩子们双手交叉抱头，肘部尽量向后压。

“踮脚走。”让孩子们只用脚掌踩地，脚跟不要接触地面。

“跳。”注意要让孩子们用前脚掌着地，抬脚的时候是脚趾向下，而不是脚跟向下。可以让孩子们两两一组拉着对方的手跳。

“跑步。”跑步时，孩子们应该用前脚掌着地，脚跟不要接触地面，肘部弯曲，双臂交替在胸前摆动。

锻炼6　过障碍物练习

把障碍物按照圆形或S形摆放在房间里，尽量按照下面的顺序排列，每件物品间隔大约1.5～3米。

一把椅子。

一个体操棒或保龄球瓶。

三到四把小椅子，前两把相隔三十厘米左右，后面的间隔逐渐加宽。

一张儿童桌。

一面鼓，由老师拿着，让鼓的高度能到孩子头的位置。

一根跳绳，两端绑在两边的椅子上。

一个铃铛，挂在高于孩子头顶三十厘米左右或更高一点的位置。

一块弹簧跳板，两端绑在两边的椅子上。

一截围栏。

一个呼啦圈，由一个孩子拿着。

一张儿童桌。

准备好后，让孩子们开始过障碍物练习。让孩子们踩着椅子上去、下来，然后单脚跳过体操棒或保龄球瓶，不要把它踢倒，再踏过距离越来越大的几把小椅子（也可以用粉笔在地上画圈代替小椅子），然后从儿童桌下方爬过去，再跳起来踢响老师手中的鼓（第一轮用右脚，第二轮用左脚），再助跑跳过跳绳，然后拍响挂在高处的铃铛，之后跳到弹簧跳板上再跳下来，再跨过围栏，蹲着钻过呼啦圈，双手撑着跳过儿童桌，最后捡起地上的书或其他物品放到桌子上。

锻炼7　跳长绳

让两名孩子分别握住一根长绳的两端，然后摇动起来。孩子们第一次跑过去时，只要不被绳子碰到即可，第二次时跳一次再跑出绳子，然后跳两次跑出绳子。所有涉及单脚或双脚跳的练习都应该用前脚掌着地，这样既可以避免扭伤，又可以让动作轻盈美观。这项练习对于肺部、背部、腿部、关节和脚趾都是很好的锻炼，还可以锻炼孩子们的节奏能力、平衡感和仪态。

锻炼8　拔河比赛

将孩子们分成两队，每队各指派一名队长，由两位队长分别握住绳子的两端，在绳子中心处的地上画一条线。当孩子们各就各位后，老师一声令下，两方队员开始使劲拉绳子，直到一方将另一方最后一名队员——对方队长也拉过线，该方就获得了胜利。

第五章

—

自由玩耍

自由玩耍指的是孩子们自由地做游戏。**让孩子自主选择游戏，大人不应该过多地干涉和参与，只在旁边适当给予帮助即可。**

六岁以下的孩子，他们更喜欢和同龄的孩子们一起玩。父母和老师要充分考虑到孩子们的这一特点。

但是，孩子们也要懂得玩什么和怎么玩，以便他们在玩耍中能够有所收获，培养公平、无私、正直、诚实和自律等良好品质。因此，老师要随时准备好为孩子提供建议和指导。

给这个年龄段的孩子提供的游戏，一定要是孩子们喜欢的和愿意选择的。

我们都提倡保护孩子们的天性，但不能因为是天性，就盲目纵容，因为天性不一定都是好的。比如，孩子喜欢从楼梯的栏杆上滑下来是一种天性，但是这样做很危险，是一种错误的行为。如果我们想一想办法，把其中的危险消除掉，把栏杆变成一个两边有挡板的滑梯，我们就可以利用孩子天性中对这类运动的热情，对孩子进行理想的体能锻炼。

很多孩子都喜欢玩“枕头大战”或在弹簧床上乱蹦，但是父母不允许他们这样做，不是因为这两项游戏对孩子的健康有什么危害，而是因为它们会损坏家具。但是，家长其实可以想办法变通一下，把游戏中消极的因素剔除出去，把快乐的成分保留下来。

如果孩子喜欢沿着人行道外沿走，那他一有机会就会这样做而不会选择走旁边平坦的大路。父母午后带孩子出去散步，如果马路边有围墙，他肯定会爬到围墙上走。其实这些游戏对孩子的平衡感和体态都有帮助，可以促进他们肌肉的协调发育。但是，父母担心的是孩子会发生危险。比如，在铁轨上行走时火车驶来怎么办？在这么高的围墙上走摔下来怎么办？因此父母在大多数情况下会明令禁止孩子去做任何危险的行为。实际上，如果能在家里、院子里或学校里给孩子提供一个非常低的仿制围墙，就既可以消除游戏中的危险，又可以让孩子顺应天性，最大限度地发挥这些游戏对孩子的积极作用。

试问，看到路上的废易拉罐，哪个男孩会没有踢一脚的冲动呢？看到鼓鼓的纸袋，哪个男孩能抑制住冲动不把它挤爆呢？这时，父母其实可以把空罐子举起来让他踢，因为踢的时候他的腿部肌肉也得到了锻炼。

试问，哪个孩子看到触手可及的铃铛能不去敲响它呢？孩子们想看到敲响后的结果，这是他们的天性使然。父母把铃铛挂成一排，尽量让孩子够不到，然后让他助跑跳起来去敲响，这样既可以满足孩子的天性，又无意中锻炼了孩子小腿的肌肉。

冬天下雪的时候，孩子们纷纷出门在人行道、马路上滑雪，但这是很危险的，孩子和行人都容易摔倒，所以路旁的住户会赶紧往地上撒煤灰或盐来防滑解冻。其实，父母可以找来一个长木板打上蜡，把它固定到地上。这样孩子不用等到下雪就可以随时在上面滑，既避免了危险的发生，又能让孩子在滑的乐趣中有所锻炼。但是家长要注意，一定要让木板非常平整、结实，以免它会四处打转，使孩子受伤。

试问，哪个孩子没有因为在床垫上乱蹦而被父母训斥过呢？父母生气的原因无非是这样做会把床垫的弹簧弄坏或把被褥弄脏。这时，父母其实可以给孩子一张旧床垫去蹦，要是条件不允许，还可以找一块结实、有一些弹性、不易折断的木板，把木板两端固定在一个高一点的地方，防止木板在蹦跳的过程中触地。

这样孩子就可以模仿蚂蚱和牛蛙，玩尽兴了。

家长以同样的方法去分析孩子们在其他游戏中的乐趣，了解孩子们为什么对它们这么感兴趣，就可以“去粗取精”，既保留游戏的精髓和对孩子有意义的元素，又可以消除游戏中有害、有风险或没有价值的部分。

自由玩耍可以分成以下三类：

（1）**运动型游戏**：以体育运动为主的游戏。

（2）**模仿类游戏**：以模仿特定活动为主的游戏，如模仿骑马、经营商店等“过家家”类型的游戏。

（3）**竞技游戏**：带有竞赛性质的游戏。这类游戏对年纪稍大一些的孩子尤其有吸引力。但要注意，虽然有的孩子已经长大了一些，但仍然需要大人的指导，大人只能让他们拥有一定程度上的“自由”。

运动型游戏

对于孩子的运动型游戏，父母要做的是确保他们能正确使用器材，并为此提供必要的建议和说明。

滑梯。找一块约5米长的枫木材质或者其他结实材质的长木板，找东西把木板撑起来，木板和地面的角度约为30度。木板作为滑梯的滑道。再搭建一个台阶或者梯子，延伸到滑道顶部。玩滑梯时，孩子应穿着连裤衣或其他比较耐磨的衣服。在长木板滑道的两侧要有木板或栏杆等保护设施，以免孩子发生危险，因为孩子熟练之后，就会忍不住头朝下或站着滑下来。

高轨。找一段矮墙，两边安装上约5厘米长的木板的托梁，让孩子在墙上玩“走钢丝”游戏。

跳台。找一个位置，让孩子可以从此处纵身跃下，直接跳到柔软的地方，如干草或稻草中，这样不会让孩子受伤。

弹簧板或弹簧床。找一块结实的木板，两端牢牢固定在约30厘米高的箱子上，或直接找一张旧床垫。

打滚帆布。找一块约3米以上的正方形帆布，把四角支撑起来，高0.6～0.9米，不要让帆布中间下陷的地方接触地面。让孩子在上面尽情地打滚。

吊杠或单杠。下面铺好软垫，孩子们可以在上面做摆动、空翻、引体向上等动作。

一对软枕。孩子可以用来玩“枕头大战”。

球。足球或篮球是最好的。

滑板。给一块长木板打好蜡，将其固定住，使其不会左右摇晃；还可以让板子一端略微高一些，孩子可以站在上面来回地滑。

悬挂铃铛。在适当的位置悬挂一些铃铛，让孩子使劲跳起来拍响它们。

高跷。找两个坚硬的铁罐，在每个罐子的顶部打两个孔，把两根结实的细绳穿入孔中，做成手提环。孩子左右手各拿着一根绳子，踩着两个铁罐玩“走高跷”。

秋千。

爬绳。把绳子悬挂好，让孩子可以沿着悬垂的绳子向上攀爬。

钢索车。找一条约6.3毫米粗、6～15米长的钢索。将它的两端固定好，一端接近地面，另一端高一些，以提供足够的倾斜。在钢索上放一个手推车的轮子，轮子上安装一个牢固且能用手抓住的十字棍和一根可以拖曳的绳子。孩子可以先通过拉绳子将轮子拉到钢索的最高点，然后爬到一个台子或箱子上，双手握住十字棍。在重力的作用下，轮子会顺着钢索往下滑行，直到孩子的双脚着地。

长绳。找一条3.7～4.6米的绳子，可以在孩子跳长绳或拔河的游戏中使用。

跷跷板。

铁环。

水平梯。找来高过孩子头顶的一截水平固定的梯子。孩子可以用手抓着梯子摇晃。

旋转木马。一种比较复杂但很有意思的器材，由两个以上手推车组成，孩子手脚并用去推或拉，让它绕着一个轴心转圈。

独轮车、手推车、铲子、水桶等。

模仿类游戏

模仿类游戏对九岁以下的孩子有极强的吸引力，甚至大一点的女孩也非常喜欢。孩子们会模仿成年人的生活，比如操持家务、做饭、开店、工作、讲课、打电话等，每次玩起来，他们都会在长达几个星期的时间里乐此不疲，而且在这段时间，他们对其他游戏似乎都失去了兴趣。

家长们唯一需要注意的是，孩子模仿的内容一定是积极健康、不令人反感的。不能让孩子模仿抽烟的人、醉酒的人或残疾人等。有些家长纵容孩子用笔或爸爸的烟斗装作抽烟的样子，或者装作入室抢劫的人，甚至装作参加葬礼，还对此不以为意。这种主题的“过家家”对孩子一点益处都没有，还会通过心理暗示对孩子造成极大危害。我认识一个家长，他没有制止孩子扮演入室抢劫的盗贼，最终险些酿成悲剧。他回家时发现“小盗贼”将一截绳子绑在脖子上，另一截吊在阁楼的横梁上，还好他及时救下了孩子，不然孩子差点就小命不保了。

给孩子提供下列物品，然后再建议他们玩什么就足够了，不需要过多解释：

娃娃、娃娃的家、娃娃的马车；

旧衣服、一些别针、用于“过家家”的装扮；

一堆沙子（最好是干净的海沙）、水桶、铲子、盒子等，泥瓦匠建房屋、村庄用的泥刀；

砖块大小的积木，建造房屋、堡垒和列车用的各种工具；

玩具家具，如椅子、桌子、床、写字台、钢琴、炉灶、熨斗、扫帚、浴缸、搓衣板、碗碟等；

玩具士兵；

玩具动物；

一个只属于孩子的独立空间，里面配备各式各样缩小版的家具和用品。（不要像娃娃屋一样，而是让孩子可以真正进入其中，像大人一样走动，在里面生活，拥有自己的身份，这是孩子玩模仿类游戏的理想场所。）

其他类型的模仿类游戏不需要准备特定的物品，或者可以在需要时临时找来：

房间、商店、马、熊、售票员、消防员、铁匠、学校、医生、马戏团、士兵等。

不需要器材的竞技游戏

捉人游戏。由一个孩子去做捉人者，当数到三之后，他要用手去触碰别人，被他碰到或抓住的人将成为下一个捉人者。选定一个或多个地方作为“基地”，比如箱子、柱子或墙面，只要触碰“基地”就不能被抓。第一个捉人的孩子往往是通过童谣的方式选出来的，由一个孩子念童谣，每念出一个音节，就用手指一个人（从左到右包括自己在内的所有孩子），童谣结束时最后一个音节落在谁的身上，谁就是捉人者。

猫捉老鼠。孩子们手拉手围成一个圈，圈外的一个孩子是“猫”，他的任务是捉到一个圈内的孩子，也就是“老鼠”。围圈的孩子们要阻止“猫”进圈捉“老鼠”，比如可以放低胳膊不让“猫”钻进来，或者用身体挡住“猫”的路等。如果“猫”成功进圈了，孩子们要赶紧把圈打开一个口，让“老鼠”跑出去，然后再立刻关上圈，把“猫”困在里面。

捉迷藏。由一个孩子去做捉人者。他先要把眼睛闭上，手放在“基地”上，此时其他孩子要赶紧躲起来。捉人者数到一个约定好的数之后，或躲藏的孩子们说“准备好了”之后，捉人者就可以开始去找了。躲藏的孩子们要找机会，趁着捉人者不在时触碰“基地”，触碰到则为安全；但如果被捉人者发现并喊出“看到你了”，同时捉人者先于这个被发现的孩子跑到基地，那这个孩子就会成为下一个捉人者，而其他人就安全了。

蛇。让孩子们围坐成一圈，捉人者站在中间。捉人者手里有一块手帕，他要把手帕从身后扔给一个孩子，然后立刻去触碰这个孩子。这个孩子要在捉人者碰到他之前把手帕扔给别的孩子。当手帕被扔到谁身上时，只要捉人者同时触碰到他，那么这个孩子就成为下一个捉人者。

猫咪想要钻墙角。除了做“猫”的孩子之外，所有的孩子都站在几个角落里，或站在标记好的地方，“猫”自己站在一个角落。当游戏开始后，孩子们一一跑着交换角落，而“猫”则要一边喊着“猫咪想要钻墙角”，一边跑到其他孩子所在的角落。如果“猫”在孩子们交换完成之前成功进入了某个角落，那没有交换完成的孩子就成了新的“猫”。

抢座位。搬来比孩子们总数少一个数量的椅子，然后摆成一排，椅子方向要交替对着两边。游戏开始后，可以放音乐，或者由老师唱歌或数数，此时孩子们要绕着椅子走。当音乐戛然而止时，孩子们要立刻抢占一个椅子坐下，没有抢到座位的孩子则被淘汰。然后搬走一把椅子，音乐重新开始，孩子们继续绕着椅子行进，音乐停止时就又会有一个孩子因抢不到椅子而淘汰。如此反复，直到最后只剩下一把椅子和两个孩子，音乐再次响起，他们将角逐出最后的赢家。

第六章

动手能力培养与劳动

本章主要包含两项动手能力练习。

（1）手工训练，主要是一些较正式的手工练习。

（2）家务劳动，将让孩子体验一些成年人的家务。

目标

在进行本章的训练之前，父母和老师要了解，我们真正的目标不是要让孩子们做出多么精致的手工作品，也不是教会孩子们如何绘画和上色，更不是要让他们做出多么好看的玩偶和礼物。作品完成的好坏其实并不重要，**重要的是要在手工训练的过程中，增强孩子们的动手能力，培养他们认真做事的态度。**孩子们会对制作本章中的手工作品很感兴趣。能够调动起孩子兴趣的活动所带来的效果是事半功倍的。我们的目标是，经过训练后，孩子们将变得更加灵巧、机敏、勤奋、独立、有序、聪慧、理智、爱干净、有恒心、热爱生活、有想象力、善于观察、有创新能力。虽然通往这些美好品质的道路充满艰辛，但能给孩子们带来的收获是巨大的。老师们要切记，无论孩子们的作品有多么糟糕，都不要立刻把它毁掉，或者扔进垃圾箱里，因为这样做会让孩子们的自信心受挫，让他们觉得自己的努力是不值得的。不管孩子们未来从事什么职业，是木匠还是建筑师，司机还是工程师，水管工还是印刷工，医生还是画家，机械师还是钢琴家等，这些手工训练都可以为他们打下良好的基础，因为任何技能的成熟都需要时间的积累，需要由浅至深地长期磨炼。

让孩子进行手工训练时，要注意以下几点，并严格要求孩子们做到。

有序。孩子们要每天整理自己的物品，在用完之后要把物品放回原来的位置。

整洁。孩子们要让自己的作品一尘不染，所以手要洗干净，如果作品被弄脏或弄皱，就要重新做。

精致。要求孩子们尽自己所能将作品做得精致。如果老师让孩子漫不经心、马马虎虎地过了关，那孩子以后都会这样完成作品了，而且会越来越糟糕。

专注。孩子们要一心一意地把作品做好。屋里进来一只猫、桌上掉了一本书或门铃突然响起等，都不能分散孩子的注意力。

独立。孩子们要尽量不在或少在老师的帮助下完成作品。对老师来说，“授人以鱼不如授人以渔”。老师可以轻而易举地帮孩子在这里添一笔，那里按一下，纠正孩子的错误或解决他们的困难。但事实上，老师应该忍住帮忙的冲动，这样孩子才能在作品完成后得意扬扬地说：“这都是我自已做的！”

左撇子

人的右手、右眼和右脚由大脑的左半球控制，而左手和整个左侧身体则都由大脑的右半球控制。

至于是否应该训练左撇子的孩子用右手写字，这也是很有争议的。比如，权威专家古尔德博士就认为：“强迫左撇子的孩子改用右手是一种犯罪。”而另一位专家丹尼·威尔逊爵士就是个左撇子，他主张要培养孩子能够灵活使用右手，但也不能阻拦他们使用左手。

面对这种众说纷纭的情况，最好的建议似乎就是：从生活便利的层面考虑，在使用一些以右手为标准而设计的物品和器具时，最好能用右手。**前提是在训练使用右手的过程中，不能扰乱孩子的精神功能，也不引发严重后果。**

孩子在很小的时候，偏爱左手还是右手往往不太明显，但是一旦养成了习惯，就有了大脑的参与，那么再想没有代价地改变就很难了。

如果左撇子在孩子身上已经坐实了，家长不应再强迫孩子使用右手，因为这样会损害孩子的精神功能和用手的能力。但如果左撇子的特征还不太明显，而且比较容易改变，那最好在孩子刚一出现用左手的迹象时，就立刻培养孩子使用右手。

人们的共识是，要想培养孩子两只手都灵巧是不可取的，因为这样训练的结果反而是两只手都达不到灵巧的程度。换句话说，**如果同时训练两只手，还不如单独训练左手或者右手的效果好。**

手工训练

黏土

课程1　球、苹果

给每个孩子一块鸡蛋大小的黏土，让孩子们把它揉成一个球。在制作的过程中，不断问孩子们一些问题，同时也要鼓励他们提出问题，老师可以问他们要制作什么以及使用什么材料等。这样做能够激发孩子格物致知的态度，使其对所接触的一切事物保持好奇。比如：

“还有什么东西是圆的，像球一样？”

“橘子呀，太阳呀……。”

“黏土是由什么制作而成的呢？”

"风化的岩石。"

"黏土可以用来制作什么呢？"

"砖和花瓶，甚至瓷器都需要烧制黏土制作。"

然后，让孩子们把自己揉好的球做成一个球形的水果，比如苹果、制作时孩子们先把两端压平，在顶部的中间部位做出一个凹陷，然后再插进一个短茎。如果有条件的话，给孩子们一个真的苹果当作模型，让孩子们按照模型制作。老师应和孩子们讨论苹果的品种、苹果如何生长、何时成熟、可以怎么吃等话题。然后问孩子们还可以想到什么水果是圆形的。

课程2　立方体、房子

给每个孩子一块鸡蛋大小的黏土，让孩子们把它揉成一个球，然后，把球举过桌子再摔下来，使黏土底部稍微变平，并用手指拍打按压其顶部，让顶部也变平。再用同样的方法，让他们分别拍打前后左右，把它变成一个立方体。老师尽量不要动手帮孩子们，只需要让孩子们听从你的指令，理解你所说的左右、前后、底部和顶部分别是什么意思就可以了。随后问孩子们什么东西是这个形状的，他们可能会回答盒子、房子、糖块等。最后让孩子们把立方体黏土做成刚刚所说的这些立方体的物品。

课程3　圆柱体、鼓

给每个孩子一块鸡蛋大小的黏土，让孩子们先把它揉成一个球，然后在桌子上把这个球朝着一个方向滚动，并把它搓长，再把它的两端压平，让它成为一个圆柱体。问孩子们什么东西是这个形状的，孩子们可能会回答鼓、杯子、擀面杖等，最后让孩子们把圆柱体黏土做成刚刚所说的这些圆柱体的物品。

课程4　马铃薯

让每个孩子把黏土揉成鸡蛋形，然后给孩子们一个真的马铃薯作为模型，让他们按照模型揉出一个马铃薯来。老师应和孩子们讨论马铃薯是怎么生长的，与苹果和橘子是否一样。然后告诉孩子们农民伯伯会把马铃薯的芽眼种在土里，然后它们就会生长出一个新的马铃薯了。

课程5　鸡蛋

先让每个孩子把黏土揉成一个球，然后再揉成鸡蛋的形状。再给孩子们一个真的鸡蛋当作模型，让他们观察鸡蛋两端的大小差异，并依此准确地揉出鸡蛋的形状。老师应和孩子们讨论鸡蛋的知识，比如鸡蛋是怎么来的，鸡蛋里面有什么，除了母鸡还有什么动物是下蛋的。孩子可能会回答鸟、青蛙和鱼等。

课程6　鸟巢和蛋

先让每个孩子把黏土揉成一个球，并把球从中间切开，再用拇指在平的一面压出一个空洞，捏出鸟巢大概的模样来，之后让孩子们制作几个蛋放进去。然后继续和孩子们讨论上节课中关于蛋的话题，并联系到鸟巢，比如鸟巢是用什么做的——稻草、毛发、树枝、树叶等，鸟儿会安家到什么地方—— 一般是在高处，比如树上，但有时也在树洞里，有时甚至在地上。还可以谈论鸟是如何下蛋、如何孵化、如何喂养幼鸟和如何教会幼鸟飞行的等。

课程7　柠檬

让每个孩子用黏土制作柠檬。并问孩子们柠檬是什么形状，是圆形还是鸡蛋形的？

课程8　梨

让每个孩子用黏土制作梨，并用一根火柴棒或者小树枝来做它的茎。

课程9　帽子

让每个孩子用黏土制作帽子，然后取一张彩纸，剪一个长细条下来，做一个帽带或饰带。并在此过程中，问孩子们王冠是什么形状的。

课程10　茶壶和茶碟

让每个孩子用黏土制作茶壶和茶碟。

课程11　花笔筒

让每个孩子用黏土制作花笔筒。

课程12　碗

让每个孩子用黏土制作碗。

课程13　茶壶

让每个孩子用黏土制作茶壶。

课程14　船

让每个孩子用黏土制作船，并用小木棍来做桅杆和船首斜桅。

课程15　链子

让孩子们搓出一根很长的圆柱体，然后把它切成一段一段的。第一段首尾相接形成一个环，第二段从第一段形成的环中间插进去之后再首尾相接，以此类推，形成一个链条。

颜料

课程16　三种主要颜色

向孩子们展示三种主要颜色，即红色、黄色和蓝色。让孩子们说出哪些物体是这几种颜色。

老师要鼓励孩子们进行头脑风暴，让他们联想世界上所有包含这几种颜色的奇妙事物，但同时要求孩子们在听到老师的指令后立刻停止联想，回到手头的事情上来。

课程17　红色——连指手套

给每个孩子一个颜料盒、一支画笔、一张厚纸、一个调色盘、一碗水、一块抹布或吸墨纸。然后向孩子们示范如何把画笔弄湿，如何在调色盘上调好红色。在此过程中与孩子们讨论画笔是用什么制作的。质量好的画笔一般是用木头、鹅毛、骆驼毛和獾毛制作的，成本低廉的画笔用木纤维制作硬毛。

让每个孩子把整个左手放到纸上，大拇指微张，其余四个手指并拢，然后用铅笔沿着自己的手勾勒出轮廓。之后用画笔和红色颜料在刚刚勾勒好的轮廓线内画上颜色，形成连指手套的样子。在这个过程中，孩子们要小心不要画到轮廓之外。老师向孩子们提问，为什么连指手套往往是红色的，再向他们解释红色是温暖的颜色（当然不是真的温暖，只是看上去的视觉感受）。然后问孩子们为什么连指手套比分指手套更保暖，答案是手指连在一起会让整个手掌更暖和。

向孩子们介绍红色、黄色和橙色都属于暖色，问问孩子们能不能说出原因。随后，让他们说出能想到的带有这些颜色的温暖的物体，如火、太阳和蜡烛光等。

课程 18　橙色——橙子

问孩子们为什么这种颜色被称为橙色，还有什么事物有这种颜色。然后让每个孩子都画一个橙子，可以先从纸的中心开始，然后尽可能精确地慢慢把这个点画大，直到孩子们认为和橙子的大小一致为止。

课程 19　黄色——柠檬

用课程 18 中讨论橙色的方法与孩子们讨论黄色，然后让孩子们画一个柠檬。

课程20　绿色——树叶

给每个孩子一片橡树叶或枫叶，然后让孩子们把树叶放在画纸的中央，用手按住它，再用铅笔沿着它的边缘勾勒出它的轮廓。

让孩子在刚刚勾勒好的轮廓线内画上颜色，上色前应该问孩子们应该使用什么颜色（绿色）。同之前一样，每次介绍新颜色的时候都要问孩子们还能想到哪些事物是这种颜色的，答案是草、稻谷以及许多未成熟的蔬菜等。再进一步引申，用不同颜色的水果问孩子们，它们在成熟时会变成什么颜色，在采摘下来之前是什么颜色。

向孩子们介绍绿色、蓝色和紫色都是冷色，问问孩子们能不能说出原因。随后，让他们说出能想到的有这些颜色的冷冷的物体，如海水、树荫和日落后的天空等。

课程21　蓝色——蓝知更鸟

与孩子们讨论蓝色。然后给每个孩子都画出一个简单的鸟的轮廓，再让孩子们在轮廓线内画上蓝色。

课程22　紫色——紫罗兰

告诉孩子们你将要让他们画一种非常好看的花。这种花生长在春天的树林中，同时花的名字也是一种颜色，还常常被用作女孩的名字，说完后让孩子们猜一猜这是什么花[1]。然后让孩子们在画纸上画出一个蓝紫色的点，并以它为中心向四周按照紫罗兰的样子不规则地扩大，最终画出紫罗兰一般的大小，再用绿色的蜡笔为它画上根茎。最后，与其他颜色的课程一样，让孩子们说出能想到的紫色的物体。

课程23　彩虹

问孩子们见过彩虹吗？如果老师有一个玻璃棱镜，可以把太阳光透过棱镜照射在地上或墙上，给孩子们展示形成的光谱。让他们先数一数一共有多少种颜色，然后按顺序说出红橙黄绿蓝靛紫。

课程24　光谱

让每个孩子用相应的颜色画出一些紧邻的短而粗的垂直线，以此形成一个光谱。但要确保孩子们画线的顺序是正确的，并让孩子们以这个顺序学习颜色的名称，因为这就相当于颜色的“字母表”。

1　英文单词violet可以表示“紫色”“紫罗兰花”，也可以作为人名使用。——译者注

课程25 彩色玻璃窗

从白纸上剪出一个长约三厘米、宽约六厘米的长方形，然后让每个孩子把长方形沿纵向对折，再从能张开的那一侧的一角剪下一个三角形或弧形。这样这张纸打开之后的形状就像教堂的窗户一样。

让孩子们用清水把纸的两面打湿，然后在颜料盘上调好红色，要用画笔多蘸一些颜料，把笔举到离纸几厘米高的位置，在画纸上滴下两三滴颜料，就像弄上污渍一样。随后再让孩子们分别调好黄色和蓝色，重复刚刚的步骤。让滴下来的三种颜色覆盖整个纸面并在边缘处混合，这会产生彩色玻璃窗的效果。但是要注意，不要让孩子们在使用画笔时把三种颜色混在一起，否则颜色就会变得浑浊。在这期间，让孩子们进行观察，他们会发现使用了三种颜色，但最终在纸上得到了六种颜色。这是因为红色和黄色混合构成了橙色，黄色和蓝色混合构成了绿色，红色和蓝色混合构成了紫色。这是一节非常重要的颜色合成课程，能够增长知识，还可以使孩子从中受到启发。最后向孩子们介绍，橙色、绿色和紫色被称作二次色，而红色、黄色和蓝色被称为基色或原色。

课程26　画气球

给每个孩子一张水彩纸和六枚硬币，让孩子们把硬币放在接近纸的顶部的位置，并摆成一团。随后用铅笔沿着每枚硬币的外圈画出轮廓，这样就可以画出六个圆环。下一步，让孩子们从每一个环的底部引出一条线，画到靠近纸张底部的一个点，这样在下面的课程中就可以直接给圆环上色，把它们画成一串气球了，画好后保留下来。

课程27　原色气球

让孩子们把上节课所画的圆环间隔地进行上色，分别画成红色、黄色和蓝色。孩子们要小心不要画到圆环之外。如果孩子们用水彩无法控制得当，则可以改用蜡笔涂色。图画完成后把画保留下来。随后，老师可以为孩子们复习知识——红色、黄色和蓝色是三种最重要的颜色，被称为基色或原色。没有上色的圆环供下一节课使用。

课程28　二次色气球

让孩子们将黄色和红色在调色盘上混合得到橙色，再把橙色涂在上节课上好色的红色气球和黄色气球之间。再分别混合黄色和蓝色、蓝色和红色，得到绿色和紫色，然后涂到对应的圆环里。随后，老师帮助孩子们复习知识——这些由原色混合而得的颜色叫作二次色。这是极重要的知识，也可以作为供孩子们发挥想象力展开讨论的话题。

绘画

课程29　水果

让孩子们用对应颜色的蜡笔画出不同的水果。如果有条件的话，老师可以把真实水果展示给孩子们，让他们看清它的特征和细节。此课程中常用的水果有苹果、梨、香蕉、李子和柠檬等。

课程30　蔬菜

让孩子们用对应颜色的蜡笔画出不同的蔬菜，如西红柿、胡萝卜、水萝卜等。

课程31　花

让孩子们用对应颜色的蜡笔画出不同的花，如栀子花、鸢尾花和郁金香等。

课程32　人的住所

这节课与孩子们讨论人们不同的住所，如帐篷、房子、宫殿等，然后再讨论什么人住在什么住所里，比如印第安人和士兵住在帐篷里，国王和女王住在宫殿里等。再让孩子们画一个或多个住所，切记老师不要贬低或嘲笑孩子的作品。不管孩子画得多么糟糕，当提出建议和改进时都要委婉表达，以免伤害到孩子的自信心和积极性。

课程33　动物的住所

在这节课与孩子们讨论不同动物的住所，如狗窝、猪圈和鸟巢等，让孩子们画出每一种他们能想象到的动物的住所。

课程34　医院

在这节课与孩子们讨论生命和医院，让孩子们画出一座有尖顶的房子。

课程35　家具

在这节课与孩子们讨论屋内的陈设都有什么，让他们画出客厅里常见的家具，如椅子、摇椅、沙发、桌子等。

课程36　餐桌陈设

让孩子们画出餐桌上常见的物品，如茶杯、茶碟、茶壶、刀叉和勺子等。

课程37　厨房器皿

让孩子们画出厨房里常见的物品，如煎锅、盘子、炉子等。

课程38　卧室家具

让孩子们画出卧室里常见的物品，如床、写字台、衣橱、梳子和镜子等。

课程39　工具

让孩子们画出不同的工具，如锤子、螺丝刀、耙子、锄头等。

课程40　太阳和月亮

让孩子们想象出一系列会发光的物体。问孩子们自然界中有哪些物体可以发光——太阳、月亮和星星；有哪些会发光的物体是由人类发明的——蜡烛、电灯……让每个孩子都在纸的中央画一条横线来代表地平线，然后问孩子们为什么它被称为地平线。

再在线的中间用硬币或戒指比着在线上画一个半圆，然后把它涂成红色或者橙色，代表夕阳。在夕阳之外画出几条相同颜色的射线，来让图画效果更加逼真。然后让孩子们在另一张纸上画出一个月牙，再涂上黄色。

课程41　蜡烛、灯等

让孩子们画一些会发光的人造物体，如蜡烛、油灯、煤气火焰、电灯泡等。

课程42　脸庞

让孩子们画出脸庞，先画一个椭圆形的脸部轮廓，再用一些横线、竖线把五官勾勒出来，可以让横线中间向上或向下弯曲来呈现出不同的表情。

折纸和剪纸

课程43　纸质链条——红色

给每个孩子都裁好一张约15厘米见方的红纸，然后让孩子按边对边对折，再以同样的方向对折第二次、第三次。要保持边角平整，可以用手指甲刮压边角，让纸张有明显的折痕。让孩子把纸打开，沿着折痕把纸撕成一条一条的。如果孩子太小撕不好的话，可以用剪刀剪裁。之后让孩子拿出一条，把两端重叠，粘在一起，形成一个环；然后再拿出一条，伸进刚刚的环里，再两端相接粘成环。以此类推，就可以得到一个由八个环构成的红色链条了。

课程44　纸质链条——黄色和蓝色

让孩子们用上节课制作红色链条的方式，制作黄色和蓝色的链条。

课程45　灯笼

让孩子们把一个正方形的彩纸对折，从距离折边约1.3厘米到展开边不足1.3厘米的地方切开多条缝隙，注意不要切断，然后打开将纸粘在一起，使条状物纵向排列形成一个灯笼。再剪下来一条，贴到灯笼顶部边缘作把手。这样就可以做出一个很棒的装饰品了。

课程46　书与窗户

给每个孩子一张约13厘米见方的白纸，让他们把上下边缘整齐地对折。问孩子们这个形状像什么——一本书。然后问孩子们这本书有多少页。把书拿在手里，假装看着书读一个故事，或者描述书中的一些图画，让孩子们也这样做。然后让孩子们纵向将纸再对折一次，使书变成一本四页唱本。让孩子们假装唱出唱本里面的一首歌。把纸打开，就形成了一个由“四扇玻璃组成的窗户”。让孩子们拿起纸，假装从窗户里往外看，再描述他们都看到了什么。这项练习对孩子们很有吸引力，而且还有效地培养了孩子们的想象力。

课程47　桌子——屏风

先让孩子们把纸整齐地对折成书，然后打开形成中线，再把两边分别折到纸的中线处。让孩子们把它拿起来，问他们这个形状像什么——相邻的两扇门或者两扇百叶窗。把两边打开一点，它就变成了立体的桌子。从反方向用指甲刮一下中线，让它站立起来，就形成了一个屏风，最后让孩子们想象一下这扇屏风后面有什么。

课程48　扇子——搓衣板

先让孩子们按照下面的方法折出一个扇子：拿出一张8×10厘米信纸大小的纸张，将短边折约1.3厘米，再把纸翻过来，顺着这个折出来的小窄条继续往下折约1.3厘米。然后把纸翻过来继续折，直到整张纸都被折成小窄条。之后捏住纸的一段，或者用绳子绑住纸的一段，在另一端打开，就形成了一把扇子。把纸打开后就变成了搓衣板。

课程49　飞镖

给每个孩子一张信纸大小的纸张，把短边折向长边使其重合。然后不要打开，继续把折好的边沿着同样的方向对折两次，这样就做成了飞镖。孩子们可以对着靶子投飞镖，而且这样用纸做的飞镖在投掷时的安全性也大大增加了。

课程50　剪纸

给每个孩子一张约15厘米的正方形彩色剪纸，先让孩子们把它沿对角线折叠形成一个三角形，然后再把锐角相对重复折叠两次，这样就得到8个相邻的三角形。注意让孩子们折叠的时候要用心，把边缘完全对齐，折痕要压紧。之后把开口的八个边拿在左手上，让孩子们竖着剪两刀，然后把得到的三张纸打开，摆成好看的图形，再粘贴到一起。

课程51　粘贴

让每个孩子按照上一节课的方法折纸，剪纸的时候改变一个方向，然后打开，摆成好看的图形，再粘贴到一起。

课程52　风车

让每个孩子制作一个风车，方法如下：先让孩子们把正方形沿对角线折叠，打开后沿另一个对角线折叠，打开后再沿着每一条折痕，剪到距离中心约2.5厘米以内的位置，然后把四个角依次往中间折叠，再用一根小棍子把它们固定起来。这样一个好看的纸风车就做好了。

课程53　帐篷—信封—相框

让孩子们依照老师的指示制作出帐篷、信封和相框，方法如下：

第一步，拿出一张信纸大小的纸张，把短的一边折叠至与长边重合，然后将折痕压实。展开后将多余的部分剪掉，就可以得到一个正方形。向孩子们介绍这种方法常常用于把长方形变成正方形，或用于检测一张纸是不是正方形。然后将得到的正方形按角对角折起来，摆放起来就像是一个帐篷了。

第二步，将正方形纸展开，向相反的方向对角折叠，然后再打开，把一条边对折叠到另一条边上，展开，再将相反的两条边对折，这样打开后就会有四条相交的线。如果从纸的中心点算起，就有八条线由此向外放射出去。

第三步，把每个角折到纸的中心，也就形成了信封。

第四步，把信封上的小三角向外折叠，将尖端与信封的边缘对齐，就形成了相框。

上述步骤中的纸如果是一面红色，一面白色，在折叠的过程中应该把红色漏在外边，这样完成的信封的封皮才能是红色的。

课程54　箱子—王冠

让孩子们依照老师的指示用一张正方形的纸制作出箱子和王冠，方法如下：

第一步，先把正方形的纸叠成信封，方法在上一节课中已经介绍过。

第二步，把信封翻过来，然后把每个角折叠到中点，就成了箱子。这样，纸的正面就会有四个三角形，背面会有四个正方形。

第三步，将箱子翻过来，然后按对角折叠，让四个正方形被叠在里侧。

第四步，将形成的三角形拿在左手，将两个尖朝上，这时分别将左右两侧内侧的方格拉出来，然后压实，这样王冠就做好了。

课程55　手风琴

先让每个孩子把纸折成课程49中的扇子，然后用裁纸刀把折痕弄平。之后非常小心地沿着折痕撕下每条纸，也可以用裁纸刀裁下来，不过，无论用哪种方法，一定要把折痕压紧。为了准备这节课，孩子们可以先用杂志或书上的废页练手。

然后让每个孩子拿出两条纸，把一条的末端放在另一条的末端上，并形成一个直角。再把下面的纸条和上面的纸条交叉折叠，形成一个重叠的正方形，直到每个纸条都被完全折起来，最终叠成一个交叉多层的正方形。然后把最后一层的方形和倒数第二层的粘到一起，再用同样的方法处理第一层和第二层的方形，拉出后，就得到了手风琴。

课程56　床—摇篮—水槽

孩子们依照老师的指示用一张纸制作出床、摇篮和水槽，方法如下：

第一步，先制作出王冠，方法在课程54中已经介绍过。

第二步，将中间竖起的两个尖折下来，就做成了床。

第三步，将一个尖角折进去，就做成了摇篮。

第四步，将两个尖角都折进去，就做成了水槽。

课程57　盐瓶

让孩子们依照老师的指示用一张纸制作出盐瓶，方法如下：

第一步，先制作出箱子，方法在课程54中已经介绍过。

第二步，将箱子反过来，让四个正方形朝上。

第三步，左手拿住箱子，右手的四个手指深插入正方形中，把箱子的中心向上推，同时右手捏紧，这时盐瓶就做好了。

课程58　托盘—风车

让孩子们依照老师的指示用一张纸制作出托盘和风车，方法如下：

第一步，先制作出信封，方法在课程53中已经介绍过。

第二步，不要翻过来做成箱子，而是直接把每个角折到中点，这样就做成了托盘。

第三步，左手拿住托盘，将三角形压实，每个尖都尽量靠近中点，将三角形下内部的正方形向右侧拉出并压实，这样就形成了四个新的三角形的风车翅膀。这一步很难，但是很重要，因为很多有趣的造型都以它作为基础步骤。

第四步，把翅膀折回，就做成了风车。

课程59　餐巾纸

让每个孩子把纸或亚麻餐巾折好，可以在午餐会、野餐等场合使用。

课程60　卷发—点灯器—铲子—叉子等

让孩子们按照课程55中的方法制作出纸条，再让他们把每个纸条都紧紧地缠在一个小木棍上。然后把两个卷从里面拉出来，就形成了耳后的卷发。把剩下的每个卷松的一端粘起来，然后把中间部分推出来，就成了点灯器或号。捏扁较粗的一端，就成了铲子或勺子。把粗的一段切开然后压平，就做成了叉子、油漆桶或扫把。

课程61　双船

让孩子们依照老师的指示用一张纸制作出双船，方法如下：

第一步，先制作出风车，方法在课程58中已经介绍过。

第二步，把两个风车的翅膀边角相连朝着一侧，另一侧用同样的方式相连。

第三步，翻过来，然后纵向对折，就做成了并排的双船。

还可以通过把风车的翅膀朝不同的方向折叠，做出更多的物体。

打绳结

课程62　翻绳儿

教会孩子们翻绳。先给每个孩子一根约0.5米长的绳子，然后把绳子的两端系在一起。之后教孩子们翻绳的玩法，直到他们可以自己玩好。他们的手指也会变得灵活起来。

课程63　反手结

准备两个长约1.83米、直径为1.9～2.5厘米的绳子。

给每个孩子两根粗细不同的约30.48厘米长的包装线或钓鱼线，用粗一点的绳子向孩子们展示如何打出简单的反手结。让孩子们先用粗绳练习，然后再换细绳练习。告诉孩子们左手总是拿着绳子的主体部分，就像绳子连接在球上或者木棍上一样，而右手拿着绳子的活端来打结。

反手结的打法是：左手握住主绳，右手握住活端，进行反手缠绕；将绳头由后向前从绕成的绳圈中穿过，然后拉紧绳的两端。

课程64　吊桶结

用同样的方法，教孩子们打吊桶结。将绳子的活端绕过主绳，然后穿过绳圈几次，再拉紧即可。

课程65　8字结

用同样的方法，教孩子们打8字结。将绳子的活端向后反手缠绕，绕成一个线圈后，再绕一个线圈，然后向下穿过线圈。

课程66　平结和外行平结

用同样的方法，教孩子们打平结。把两根绳子或一根绳子的两端绑在一起，要注意不要打成很相似的外行平结。

平结的打法是：两只手分别拿着绳子的两端；将右手的一端放在左手绳的下面，再将左手的一端放在右手绳下面进行缠绕；将右手绳拉起，从上面穿过绳圈。

外行平结是一种不牢固的结，打法与平结非常类似，只是最后一步中是从下面穿过绳圈。

孩子们只要记住“下，下，上”的口诀，就能正确地打出平结。

让孩子们练习打捆，把绳子沿纵向和横向各绕一圈，然后用平结系好。

课程67　蝴蝶结

用同样的方法，教孩子们打蝴蝶结。把两根绳子或一根绳子的两端绑在一起，要注意不要打成很相似的祖母结。

蝴蝶结的打法是：先打好平结；将左手的自由绳端绕成一个线圈；右手绳放在环颈上（此时右手绳放在环颈下就会做成祖母结，打的结很容易松开）；将右手绕成一个线圈，从左手的线圈中穿过，然后拉紧。

让孩子们用蝴蝶结系鞋带、打领带、系发带或腰带。

课程68　活结

用同样的方法，教孩子们打活结。打活结时，依然用左手握住绳子，让绳子的活端朝右，然后用右手握住左手下端的绳子的主要部分，把它套过活端并拉紧。

课程69　辫子

教孩子们把三条绳子编成辫子。取三根绳子、布条或丝带，最好颜色不同，把它们的尾端绑在一起，用图钉订牢。再把绳子拿在手里，将三根绳子并排成左中右，把左右两根绳子交替绕过中间的那根。

课程70　扭结

用同样的方法，教孩子们打扭结。

方法是：先把一根绳子折成三股平行的绳子，然后把它们编成辫子，就像它们是三根独立的绳子一样。

课程 71　链结

用同样的方法，教孩子们打链结。可以用手指、钩子或钩针完成。先打一个活结，将绳子的主体部分拉过或钩过绳圈，形成另一个环。然后继续以这样的方式把绳子的主要部分拉过每个环，形成新的环。

课程 72　连珠结

最好用彩色的绳子。让每个孩子按照一定的间隔打结，比如可以隔约2.5厘米打一个结，或者可以每隔约5厘米打2～3个结。然后将末端剪开，变成流苏。

成年人的劳动

对于孩子们来说，最有吸引力的动手能力训练是让他们做成年人的事情，比如一些家务活。动手能力训练和成年人做的事情的关系，就好比肢体锻炼和自由玩耍的关系。前者是系统的训练，后者则是自发性的、具体的事务。它们之间是相辅相成的，对于孩子们来说，两者的训练都很重要。

孩子们都渴望模仿、帮助家长，这正是个好机会。家长可以利用孩子们的这个特性训练他们去做家务活。在生活中，孩子们想要帮助家长收拾屋子，帮厨师去剥豆子，但往往因为孩子们“碍事了”或者“帮倒忙了”，这些对孩子成长有帮助的劳动被大人拒绝了。

孩子们在家里时，父母不应阻止他们“帮忙”做家务，因为孩子们做家务的行为也是接受教育训练的一部分。所以，父母应该为孩子们做家务创造条件，即使孩子们的确帮了一点倒忙。如果孩子们想要帮助父母做一些事，但是这些事情确实不方便让他做，父母可以刻意创造一些孩子们帮得上忙的事情让他们去做。

孩子们在班级里接受训练时，老师要创造机会让他们独立做完一项工作。当然，在开始的时候老师要从旁边指导和帮助。

下面是可以教孩子的一些工作。

室内工作

晾晒被褥。教孩子如何把被褥拉出并展开以便晾晒。

整理床铺。教孩子如何把床单和毯子铺好，把枕头摆好。

打扫。教孩子如何使用抹布擦拭尘土，孩子要把家里的每个角落都擦到，同时要小心不要打碎物品。教孩子如何使用簸箕和扫帚。

摆放饭桌。教孩子如何摆放饭桌和做一些其他家务，如洗碗、洗盘子、搓洗衣服上的污渍、浇花和摆花。

缝纫。教会孩子如何穿针和缝纽扣。让他用锁缝针法给自己做一个装豆子的口袋，或者做一些更困难的缝纫工作。

烹饪。教孩子如何煮鸡蛋，怎么煮成溏心蛋，怎么煮让蛋黄嫩一点或老一点。

教孩子如何烤苹果和马铃薯。

教孩子如何烤面包。

教孩子如何做爆米花。

教孩子如何做太妃糖。

室外工作

让孩子帮忙擦桌子。

让孩子给草坪浇水。

让孩子清理树叶和杂草。

让孩子在花园里锄地或挖土。

让孩子种花或菜籽，并照料它们。

让孩子喂养小狗、小猫、小兔子、鸡、松鼠、鸽子等宠物，并照料它们。

让孩子学会使用锤子和钉子。

让孩子用一桶水和刷子去“粉刷”围墙、墙壁或楼梯。

除此之外，还可以根据所处的地点和环境让孩子进行更多的练习。

第七章

知识学习

孩子们每天都在不断地汲取新知识，但是为了知识体系的完整性，**家长最好还是安排一小段时间来让孩子系统地学习，一方面是为了让孩子学到知识本身，另一方面是为了锻炼孩子的学习能力，让孩子学会“如何学习”**。赫伯特·斯宾塞曾说：“知识就是分类。”虽然有一些学到的知识是陈旧的，但是对知识进行分类也培养了孩子科学的态度和思维习惯。

不过，我们不应该假定孩子们一定懂得很多常识。在与孩子们交谈的过程中，我们常常会意外地发现他们的“无知”其实是超出想象的。因此，在这个时段，学校那些常见的学科，如科学、历史、语言等课程中的一些启蒙知识是可以教给孩子们的。而且在学习的同时，孩子们也增强了获取知识的能力，即“如何学习”的能力。

这里提供一套可以帮助孩子并适合孩子学习的知识教学大纲。它涵盖的范围比较广，涉及主要的人类知识领域。孩子在上学后，将对大纲内的知识进行更加深入的学习。在孩子知识学习时段，老师的任务就是按照教学大纲的内容，在规定的时间内和孩子能吸收的前提下，教给孩子尽可能多的知识。

教学方法

虽然赫伯特和他的弟子详细地阐述了教学应有的步骤。但是，**父母或老师只需要在这一时段内，将知识的主题和内容尽量简单、清晰和直接地呈现给孩子，然后要求孩子积极地做出反馈就足够了**。

过于程式化的教学步骤和形式会让课堂变得机械和刻板，因此，老师或父母要保持积极饱满的情绪，同时把教学重点放在两件事上——**讲授和反馈**。

讲授。首先，应该对孩子说明、解释和呈现关于某一主题的知识。在这个过程中，要尽量做到清晰、简单、生动，力图激发孩子的兴趣。这一步就是讲授。

反馈。让孩子用自己的话或方式把知识再给老师讲一遍，对所有从老师讲授中汲取的知识进行评论、提问、讨论或进一步的探究和实验。这就是孩子们的反馈。它是一个消化知识的过程，也是完成教学前的必要步骤。如果没有这个步骤，老师的讲授就变得徒劳，孩子只会“左耳进、右耳出”了。

在孩子们的学习过程中，一定要让他们拥有良好的态度。因此，**老师应注意自己的教学方式，要用合适的语气与情绪教授孩子们知识，并引导孩子们做出反馈，绝不能采取威胁和责备的手段**。因为孩子一开始的不配合是人之本性，谁都要有这个阶段，此时如果用严厉的话语或措施引起了孩子的反感，就完全达不到让孩子学习到知识的效果了，更不用说训练孩子学会学习了。

成年人可以自发地做出反馈——经过深思熟虑，再去探究与分析。而**教育的一大任务就是让被教育者形成这种自发反馈的习惯**。对于孩子们来说，这必须经过老师刻意地提问、暗示和引导才可以实现。

“输入法”和“输出法”是两种比较常见的教学方法，而我们常常误解它们。单纯的输入和输出都无法实现教育的目标。输入和输出正如讲授和反馈，它们之间的关系是相辅相成、相得益彰的。老师必须先给孩子起个头，把学习的主题和内容呈现出来，再由孩子对其做出反馈，这些知识才能真正成为孩子自己的财富。

孩子学习的顺序应该是“由内而外”的，即先从孩子自己开始，从他的身体开始不断地向外扩展，从熟知的世界到未知的世界。老师应该向孩子介绍所有孩子感兴趣和对孩子有价值的事物，让孩子更好地认识身边的世界。

然而，老师却不应该让“由内而外”的顺序成为桎梏，而应该根据主题之间的关联性或孩子的兴趣施教。老师完全可以就某一个知识点进行拓展，然后再返回来，进入原本顺序中的下一个知识点，以此来保证该主题的完整性。

课程示例

在第一课中，孩子们只需要学习各身体部位的名称。虽然这些知识非常简单，但孩子们在学习的过程中必须先认真吸收知识，再进行背诵做出反馈。

老师可以这样开始第一节课，如：

“下面我要给大家介绍一下身体的各个部位。虽然有的同学可能已经知道了，但等我讲完之后，我想考一考大家能不能说出我介绍过的部位的名称，或者能不能进行一些补充。好，现在大家集中注意力，认真看，认真听吧！”

“我们的身体包括头、躯干和四肢。这是我们的头（同时用手指着头），这一部分叫作躯干（用手指着躯干），我们的胳膊和腿放到一起被称作四肢（再指向胳膊与腿）。”

“现在大家试一试，看看你们能不能也给我讲一讲我们身体的各个部位都叫什么。”

孩子们可能无法学会一堂课上所有的知识，这取决于他们的心智是否成熟，也取决于他们之前的训练情况。在第一节课上，轮到孩子们反馈的时候，他们很可能无所适从。这时，老师要重复自己的话，从“下面我要给大家介绍一下身体的各个部位……”到“现在请大家试一试……”整个重复一遍。如果有必要，继续重复，直到每个孩子的学习欲望都被激发出来，开始努力记忆和背诵这些知识。然后，老师再以同样的方式讲下一个知识。

“有些部位我们只有一个（边说边用手指），它们是一个额头、一个鼻子、一张嘴、一条舌头、一个下巴和一个脖子。”

“有些部位我们有两个，它们是两只眼睛、两只耳朵、两张脸颊、两个嘴唇、两个肩膀、两只胳膊、两条眉毛、两个手肘、两只手腕、两只手、两个大拇指、两条腿、两个膝盖、两个脚踝和两只脚。”

“我们每只手有五根手指，每只脚有五根脚趾。”

在接下来的每一天，老师都要以类似的方法进行教学，当然，要充分考虑到孩子们的接受能力来调整教学量。

独立背诵

老师的目标应该是让每个孩子都能够完整地将所学到的知识背诵下来。孩子可以用自己的话或方式，老师不需要提问和提示。一开始老师可能需要问一些问题来引出主题，然后要求孩子独立完成背诵，期间不要打断和提示。如果孩子“卡壳”说不下去了，老师可以叫另一个孩子继续说。老师在确定一个孩子能够背完之后，也可以适时打断他，让下一个孩子继续背诵。

测试性问题

虽然不鼓励使用提示性问题，但是老师应该经常利用用于考察孩子知识掌握和理解情况的测试性问题，**以此保证孩子们不是单纯地死记硬背，而是真正理解知识中蕴含的道理**。

例如，如果孩子说“我的身体包含头部”，然后就开始犹豫了，这时老师不该问一些提示性的问题，如“还有呢”“还有什么”或“这是什么”，而是给孩子一点时间，让他想起“躯干”。但是，当孩子背完之后，老师应该问他一些测试性问题，如“你刚刚说的躯干是哪里”或者“身体中的哪一部分被称作躯干呢”。

按照类别对知识进行一次系统的复习后，老师还要时不时地再让孩子去背诵。孩子背诵时老师只给出一个方向性问题，不要问得太具体，而是要让孩子自己把知识都说出来。比如，问孩子“你对自己的身体了解什么”或者用“说一说你知道的关于身体方面的知识吧”这样的问法。这相比于先问嘴唇，再问舌头，然后问牙齿的效果更好，因为这样提问会督促孩子进行思考，加强知识之间的联系，同时也会锻炼孩子的逻辑思维能力。

这些问题需要孩子们的大脑“动起来”，需要他们动用自己的注意力、联想能力和分类能力。虽然孩子们一开始可能回答得并不好，但是随着课程的推进，他们的表现也会渐入佳境。在此过程中，孩子们能力的提升和获取知识一样重要，一样值得我们关注和赞赏。

以下是一份适合学龄前孩子的知识学习大纲，它涉及各个领域。孩子们会对其中大多数领域的知识很感兴趣。但是要注意，如果孩子们对一些知识不感兴趣，老师也应该要求他们认真学习并进行反馈，因为知识的学习不能凭着自己的好恶去选择，这也是学会“如何学习”的第一步。

阐述知识学习大纲的目的是让老师和父母了解教学内容的上限和下限。但是在讲授过程中，不必完全照本宣科进而让大纲成为桎梏，要对其内容进行拓展或删减。这些调整需要老师根据孩子们的兴趣和能力做出明智的判断。

知识学习大纲

身体

身体由头、躯干和四肢组成。

人有一个额头、一个鼻子、一张嘴、一条舌头、一个下巴。学习下面的童谣：

两条眉毛弯一弯，
两只眼睛看一看，
一个鼻子嗅一嗅，
一张嘴巴尝一尝。
一个下巴尖又尖，

敲敲门（用手敲打额头），

往里看（用眼睛看），

走向前（把手指放进嘴里）。

人每只手有五根手指，每只脚有五根脚趾。让孩子们学会念这首歌谣，每念一句就摸一根手指。

这只小猪去集市，

这只小猪待在家，

这只小猪吃烤肉，

这只小猪没得吃，

这只小猪嘤嘤哭，

因为它忘了回家的路。

头。头上有头发，有的人的头发是浅浅的金发，有的人的头发是深深的黑发。梳头发时只能用自己的梳子。

额头。在生气时不要绷着脸或皱眉头，这样会让脸上长出难看的皱纹。

眼睛。眼睛包含眉毛、眼睑、睫毛、瞳孔和眼泪。你和朋友们的眼睛是什么颜色的呢？是蓝色、棕色还是淡褐色？注意不要揉眼睛。如果眼睛里进了异物，可以拉起上眼睑盖到下眼睑上，或者擤鼻子，这样可以使异物滑落出来。

耳朵。耳朵有用于捕捉声音的耳郭，还有鼓膜。要小心地清洁耳朵。不要把异物塞进耳朵里，以免伤害到鼓膜。

鼻子。鼻子有两个鼻孔。不要使劲吸鼻子，也不要用嘴巴呼吸。

嘴巴。嘴巴包含嘴唇、舌头、牙龈和牙齿。不要噘嘴。舌头应该是粉红色的，健康的舌头上没有厚腻的白色舌苔。小孩子最先长出的牙被称为乳牙，六岁左右开始长出恒牙。刷牙时要上下刷，不要横着刷，晚上要用牙膏刷牙，早晨要用杀菌的漱口水漱口。不要用针剔牙，但是可以使用牙线。不要用牙咬断线或咬碎坚果，不要吃太酸和太热的东西。吃东西时要细嚼慢咽，不要吃不干净和没有营养的东西。打哈欠的时候要用手捂住嘴巴。

胸膛。摸一摸肋骨和锁骨的位置。人有两个肺，左右两侧各一个，它们就像海绵吸水一样吸入空气。空气是生命的必需品。要尽可能去户外呼吸新鲜的空气。

心脏。心脏在身体的左侧（极少数人在右侧）。用手摸一摸，可以感受到心脏的跳动，或者听听别人心脏的跳动。心脏像是水泵，将血液输向全身。

动脉与静脉。动脉和静脉是传输血液的血管，试一试把指尖放在大拇指一侧的手腕上感受一下脉搏的跳动。

胃。胃是消化食物的器官，有的食物可以促进造血，从而维持身体运转。

肌肉。把肌肉绷紧，摸一摸咬肌或胳膊、腿等部位的肌肉。肌肉可以帮助身体做事，锻炼肌肉可以促进肌肉增长。

骨头。摸一摸头骨、手臂和前腿的骨头。要挺直身体，保持脊柱直立。

关节。关节是身体可以弯曲的地方。找一找人的身体哪里有关节。膝关节上有膝盖骨，用手摸一摸。

手。手有手掌，手掌上有掌纹，有大拇指、食指、中指、无名指和小指，还有指甲。用刷子清理指甲的缝隙，用指甲刀把指甲剪整齐，注意不要用嘴咬指甲。

脚。不要穿太紧的鞋子。

穿衣

应提前准备好所有不同材质衣服的样品，以便在课程中可以使用，如果条件允许，还应向孩子展示原材料及其制造的过程。

棉布。棉布一般用于制作轻薄的衣服和内衣。解开一根棉线向孩子们展示。棉花来自植物，它在生长过程中的性状是白色、蓬松的。让孩子们想一想生活中还有哪些物品是棉花制成的。

羊毛布料。羊毛布料做的衣服穿起来比较暖和，它的价格要高于棉布。它由绵羊的毛制作而成。解开一根羊毛线向孩子们展示。点着一根羊毛线，闻一闻它的味道，再点着一根棉线，找出两种味道的区别。棉布和羊毛，它们一种是以植物的形态从地里长出来的，而另一种来自动物的毛发。羊毛布料在洗的时候会缩水。

亚麻布。亚麻布是一种精细耐用的布料，经常用来制作手帕。它也来自一种植物，即亚麻，但是价格要高于棉花。

丝绸。丝绸的触感光滑且带有光泽。它由蚕吐的丝制作而成。蚕会用蚕丝把自己包起来，做出一个外形像花生一样的罩子，被称为茧。当蚕在茧里睡着时，人们就会把蚕丝解下来。

皮革。皮革通常由牛皮制作而成。可以问问孩子们，为什么皮革常用于做鞋子？

纽扣。制作材料有塑料、骨头或珍珠母。

食物

这些课程应在餐桌、厨房或食品储藏室进行，应提前准备好所有材料的样品，以便在课程中可以展示给孩子们看。如果条件允许，还应做实验或让孩子们参观食物的来源和生产过程。

水。人们喝的水有的来自山泉或水井，它们是由雨水渗透进地表然后蓄积形成的。可以带孩子们去参观水库或自来水厂。

牛奶和奶油。牛奶和奶油都来自奶牛。奶油质地比较轻，因此可以浮在水的表面。任何比水或牛奶轻的东西都会浮在它们上面，反之则都会沉下去。比如，把面包屑放入水中，它会漂浮起来，因为它很疏松；把盐或糖放入水中，则会沉下去，因为它们密度更大。

黄油。黄油是由奶油制成的（展示制作的过程）。牛奶发酵结块制成黄油。

鸡蛋。鸡蛋是母鸡产下的蛋。可以带孩子们看看鸡窝和鸡蛋。其他鸟类也会下蛋，鱼会产卵。

谷物。燕麦片、玉米粉、玉米面等都是谷物。它们是由植物的种子制作而成的。

面包。面包是由面粉制成的，面粉是由生长在田野的小麦制成的。

肉。人们常食用的肉类包含牛肉、猪肉、羊肉和鱼肉等，它们各自有不同的烹饪和加工方式。

蔬菜。马铃薯生长在地下，西红柿是藤上结的果，豌豆长在豆荚里面。

水果。苹果、梨、草莓、树莓等都是水果，樱桃只有一粒种子。

白糖。蔗糖是从甘蔗中提取出来的，糖也可以从甜菜中提取出来。

盐。盐通常来自海水，海水是咸的。

香料。香料是由植物制成的。

（可以用同样的方法学习其他食物的知识。）

家具

桌椅板凳等。它们是由木头制作而成的，木头则通过砍伐大树得来。通常使用红木、橡木、松木等制作家具，向孩子们展示这几种木材。

床。床架是由木头或金属制成的。床垫里常常填充棉花和海绵等材料，这些材料使床垫松软而有弹性。

瓷盘、茶杯和茶托、花盆等。它们是由黏土烧制而成的。

刀子、叉子、勺子等。是由铁或银等材质制成的，铁和银都是藏在地下的金属。

文具。问问孩子们，钢笔、铅笔和墨水都是由什么制成的呢？还有更难的，纸张是由什么制成的呢？

光

太阳。太阳在白天为世界带来光明。

月亮和星星。月亮和星星在晚上为世界带来光亮。在白天的时候，太阳光透过窗户照进房间里。光线能够穿过的东西是透明的，不能穿过的东西是不透明的。

玻璃。玻璃是透明的，但是制作玻璃的原料——沙子是不透明的。

放大镜。如果让阳光透过放大镜，在你的手上或者纸上投射出一个细小的光点，那就会把手烧伤或者把纸烧焦。可以尝试一下。很多年前，人们用这种方式生火。放大镜可以把物体放大。望远镜也可以放大远处的物体，让它们看起来更近一些。还有一些眼镜可以放大物体或者让物体看起来扭曲。有些玻璃也可以让物体看起来扭曲，让孩子们试着找一找。透过显微镜去看印刷的字、照片或手，再用一副眼镜看一看，然后再通过望远镜看一个远处的物体。

玻璃棱镜。如果太阳光透过玻璃棱镜，阳光就会分解成七种颜色，即红、橙、黄、绿、蓝、靛、紫。做个实验来证明吧！

镜子。以前的镜子背后会涂一层水银，人们可以通过镜子看到自己。镜子在“模仿”你的一举一动。你对着镜子笑，镜子里的你就会对着你笑。所以人在绷着脸的时候并不好看，是不是？你还能在别的地方看到自己的脸吗？很久以前，人们曾经用比较光亮的黄铜和钢材做镜子。当你走出家门，找到一个水面，也可以从中看到自己。很多年前，有一个叫作纳西索斯的俊俏年轻人，他经常趴在水边欣赏水中倒映出的自己的脸，后来他成为水边的一朵水仙花。给孩子们一面小镜子（边缘不能太锋利，以免划伤孩子），让他们用镜子反射阳光投在墙上或者天花板上。给孩子们讲一个故事，比如：彼得潘和小叮当是好朋友，彼得潘是个长不大的男孩，小叮当是个会跳舞的光点，她用摇晃身体时产生的叮当声来说话。

蜡烛、煤油灯、电灯等。这些东西都可以发光，它们哪个最好呢？为什么？

下面这个谜语的谜底是蜡烛，考一考孩子们。

白罗裙，

红鼻子，

站得越久，

长得越矮。

火

光往往是由燃烧的东西产生的。太阳在燃烧，蜡烛和灯芯也在燃烧，而白炽灯的光亮来自白热的灯丝。

然而，萤火虫也会发光，但是它并没有燃烧，也没有发热。

太阳是一个大火球，可以让太阳的光线透过凸透镜，把热量集中在一个焦点上来取火。此外，用钢和燧石也可以打出火花，用火柴也可以取火。

如果你快速搓手，就会感觉手掌变暖。让孩子们试一试。如果把一根木棍抵在另一根木棍上，然后把它们用极快的速度搓，也可以将它们点着。

火可以用来给房子供暖，也可以用来做饭。你还能想到火其他的用途吗?

如果用火加热水，时间长了水就会起泡，这就是沸腾。水煮沸时会产生水蒸气。如果蒸汽被装进瓶子里，它就会喷涌而出，因此蒸汽可以产生动力，这就是蒸汽机的原理。用来生火的木材和煤被称为燃料。

声音

将线绷紧后固定在一个木盒里，然后快速拨动这根“弦”，就可以听到声音了。由此，可以得知声音是由物体快速振动产生的。把钢琴的顶盖打开，就可以看到钢琴的琴弦。敲击一个琴键，并触摸对应的琴弦，就可以感受到琴弦的振动，如果捏紧琴弦不让它振动，声音也会随之消失。用铅笔敲击玻璃杯、铃铛或者灯泡，在发出声音的同时用手指按住它，声音就消失了。用手指沿着碗摩擦，它就会发出声音。在一根木棍上拉起一根弦，或者使用小提琴、班卓琴或吉他，然后拨动它，使它发出声音。再把弦上得紧一点，会发现琴弦越紧，拨动产生的音调就越高。把弦按住一部分，让振动的长度变短，会发现琴弦越短，音调越高。

电与磁力

用蹄形磁铁去吸别针、铁棍、发卡、袖扣、钢笔、铅笔、针等物品，看看它可以吸起来哪些，这其中的原理就是磁力。在桌子上放一些碎纸片，然后用梳子的背面在外套的袖子上快速地摩擦，之后，把梳子贴近纸片，梳子就会把纸片吸起来，这种现象叫作摩擦起电。穿着鞋子在毛毯上蹭着走，然后用手指去触碰别人的脸或下巴，就会产生静电。电的应用非常广泛，有电铃、电灯、电话等。闪电也是一种电。

时间

钟表可以告诉我们什么时候起床，什么时候睡觉，什么时候吃饭、工作或玩耍等。可以让孩子们观察钟摆或钟表的秒针，让他们懂得每摆动一下就代表着1秒；也可以用一根约1米长的线悬挂一枚戒指类的小东西，让它摆动，不管摆动的幅度有多大，都会以1秒左右的时间完成摆动。观察手表或钟表的秒针，当秒针绕着表盘走一圈时，就是1分钟。然后，再留意分针走完一圈，这就是1小时。让孩子们学会认读表上的时间。

学习这首童谣：

> 滴答滴答钟声响，
>
> 老鼠跑到时钟上。
>
> 时钟敲了一下，
>
> 老鼠踉踉跄跄，
>
> 滴答滴答钟声响。

一个星期有7天，让孩子们学会说星期一、星期二、星期三、星期四、星期五、星期六、星期日。

学习这首童谣：

星期一的孩子美又帅，
星期二的孩子好姿态，
星期三的孩子爱运动，
星期四的孩子去远方，
星期五的孩子有爱心，
星期六的孩子在学习，
星期日的孩子最可爱，漂亮健康又愉快。

一年中有12个月和4个季节。

学习这首童谣：

一、三、五、七、八、十、腊（十二），
三十一天永不差。
四、六、九、冬（十一）三十整，
二月只有二十八。
平年三百六十五，

闰年二月一日加。

教孩子们知道什么时候是节日，什么时候常下雪，什么时候花会开，什么时候常下雨，什么时候常刮风。

历史

先让孩子们有历史的概念，但不要说具体的日期，只说“现在”“不久之前”“很久以前”“很久很久以前”，然后告诉他们所发生的事件。

现在。向孩子们介绍两三个伟人或两三个重要的事件。

不久之前，工业革命发源于英格兰中部。

很久以前，是神话时代。

很久很久以前，传说中的故事发生在那时。

长度的测量

在尺子上向孩子们展示约3厘米的长度，并让孩子们量一下老师提前准备好的物品。让孩子们找到所有大约3厘米长的东西。

让孩子们找到所有大约30.5厘米长的东西。

问问孩子们："你有多高？"让孩子们找出答案。

找到所有约91.4厘米长的东西。

1千米能到……（让孩子们说出一些地点）。然后问孩子们："你去过那里吗？是步行去的吗？"

重量的测量

把重量约为0.5千克的砝码放在天平一边的托盘上，然后找其他东西放在另一边的托盘上，当天平保持平衡后，这些东西的重量即约为0.5千克。

问问孩子们："你有多重？"让孩子们找出答案。

垂直线

垂直线"站立"着的样子像不像柱子和电线杆呢？

问问孩子们还有哪些物体是垂直的，如站直的自己、灯柱、树、桌腿和门边等。

在一根61 ~ 91厘米长的绳子的一端绑一个小重物，制作成一条铅垂线。然后用手捏起未绑东西的一端，提起这根铅垂线，会发现这条线总是垂直的。建筑工人常在墙边挂一条铅垂线，以此来判断自己建造的墙体是不是与地面垂直。还可以用铅垂线检测墙上的画框有没有挂直。然后，让孩子们找一找、摸一摸房间里所有的垂直线。

水平线

水平线是平躺着的线。让孩子们说出他们能够想到的所有水平的物体，如睡觉时的自己、地板和电报线等。让他们找一找、摸一摸房间里所有的水平线。使用水平仪，或者现场制作一个水平仪，方法是：用一个高一些且边缘笔直的瓶子或小药水瓶，将里面装满水，然后留下一个小气泡在里面，再把瓶子放倒。当气泡在瓶内的正中心时，瓶子是水平的，此时这个瓶子可以当水平仪来使用。可以把水平仪放在其他水平的物体上，测试一下它们是不是真的水平。

平行线

平行线是两条同样方向的线。它们可以是两条平行的垂直线，也可以是两条平行的水平线。让孩子们说出他们能够想到的所有平行的物体，如门柱（两条垂直的平行线）、铁轨（两条水平的平行线）。

角

用两根木棍、两支铅笔或两把尺子来向孩子们解释什么是角。如果是一个正方形的角，则称为直角。比直角大的角叫钝角，比直角小的角叫锐角。

几何形状

给每个孩子一张纸，让他们把纸最短的一边放在离自己最近的地方。让他们分别指出哪条边在上、哪条边在下、哪条边在左、哪条边在右。给他们展示剪成几个不同几何形状的纸板，如圆形、长方形、三角形等，这些图形的尺寸约5厘米，然后告诉他们这些几何形状的名字，让他们说出能够想到的这些形状的物体（先从平面几何物体开始，立体几何对孩子们还太难），再让孩子们选择一张纸板，询问它的名称。随后让他们把这个剪好的纸板放在白纸的中央。最后用左手手指紧紧按住它，用铅笔在纸板的周围描画，在纸上画出图形的轮廓，注意不要让纸板或铅笔滑出。

下面的课程最好都能在户外学习。

指南针

先来到户外，然后面朝日出的方向，这个方向就是东方。再把胳膊直着伸向不同的方向，则右胳膊伸向南方，左胳膊伸向北方，后背朝着的就是西方了。

手持指南针，认真地观察它的指针，你会发现不管你面朝什么方向，指南针的指针总是指向南北方向。这是因为它受到了磁力的影响。

想一想，如果你一直朝着东方走，走一整天，会到达哪里呢？走一星期，会到达哪里呢？走一个月，又会到达哪里呢？

同样，如果你一直朝着南方走，会到达哪些地方呢？

如果你一直朝着西方走，会到达哪些地方呢？

如果你一直朝着北方走，会到达哪些地方呢？

交通

我们可以乘坐火车穿过城市、河流、桥梁、隧道等。

汽车、自行车和马车都可以在陆地上行驶。

船在水上行驶。划船的工具叫作桨，而帆船需要帆驱动，蒸汽船靠蒸汽驱动。

飞机和热气球是在空中飞行的。

地理

你们都知道山是什么。

山谷是两座山之间低凹的地方。

小溪和河流总是从山上流淌下来，而且水面会越来越宽，最终汇入海洋。

如果你乘坐热气球飞向高空，向下俯视的时候，你会发现房子就像一个点，道路就像一条线。想象一下，如果从这么高的地方看一个国家的房子、河流和道路，那会变为什么样子呢？在沙子上或纸上画出来吧！这就是所谓的地图。

如果你乘坐热气球继续上升，你将会看不到陆地上的东西，这时映入眼帘的陆地不再是平的，而是变成了一个非常大的球体。这就是地球。地球上很大一部分的地方是水，我们称之为海洋。

在那个方向的海洋是大西洋。

在另一个方向的海洋是太平洋。

（向孩子们说明欧洲和非洲在哪里，南美洲在哪里，亚洲在哪里；那里生活着哪些种族的人，他们的语言和习俗是什么。只要孩子们感兴趣或能够理解一部分，就多向孩子们讲述一些。六七岁的孩子对世界的划分、地图都很感兴趣，而且能理解很多，这是很正常的，虽然这个话题听上去超出了孩子们的理解范围。）

人种

世界上有很多很多的人。

中国人和日本人是黄种人。美国人是白种人。

还有黑人，黑人的皮肤是黑色的，头发也是黑色的卷发。

还有肤色发红的印第安人。

家庭

爸爸妈妈是一家之主，是你的父母。

你是你父母的儿子或女儿，父母的父母分别是你的爷爷奶奶和姥姥姥爷。

父母的兄弟是你的叔叔或舅舅；父母的姐妹是你的姑姑或姨妈。你是他们的侄子侄女或外甥外甥女。他们的儿子或女儿是你的堂或表兄弟姐妹。

职业

农民会种植我们赖以生存的食物，因此农民是最重要的职业之一。

从事制造业的人会生产一些物品，比如衣服和家具等。

商人会卖农民和生产者种植与生产出来的产品。

工匠主要靠手艺工作，比如木匠、油漆工、泥瓦匠、水管工和铁匠等。

专家主要靠头脑工作，比如医生、律师、老师、作家、画家、音乐家和政府官员等。

天文学

太阳是一个巨大的火球，如果长时间受到太阳光的照射，你的皮肤会晒伤。它离我们非常非常远，也非常非常大，比地球上的任何东西都要大，甚至比我们的地球大很多。太阳从东边升起，西边落下。在空地上打一个木桩，让太阳可以在一天内都能照到它。每小时在木桩影子的末端画线或放一个小石子，当影子最短时，就是中午。到了晚上，太阳就消失了，它去了地球的另一边。

月亮有时是月牙状的，有时是半圆形的，有时是圆形的满月。和太阳一样，月亮也会升起和落下。有时我们白天也可以看到月亮。

星星和太阳一样，也是大火球，但是因为距离太远了，所以看起来很小。

气象学

温度计。看温度计可以了解温度的高低。把温度计放到太阳光直射的地方、灯泡旁边或热水里，然后观察它。之后，再把它放在阴凉处或冷水中去观察。看一看，当温度计的身体变冷或变热，会产生什么变化呢？

空气。尽管我们看不到空气，但是空气就在我们身边。当空气流动时，我们称之为风。我们虽然看不见风，但是可以看见风的作用，它可以从烟囱里呼啸而出，可以吹起烟雾，摇动旗帜，卷起灰尘，敲动百叶窗，在角落里“吹口哨”。

冰。冰是水的固态形式，温度太低水就成了冰。

雾。雾是悬浮在空中的水。

云。云是高悬在空中的雾。

雨。雨是云中的水遇冷而降落的水滴。在下雨的同时阳光照射下来，我们通常就可以见到彩虹。这是因为，太阳光照射在半空中的雨滴就像穿过了玻璃棱镜，于是就形成了七色彩虹，七种颜色分别是：红橙黄绿蓝靛紫。让孩子们学习一个说法："早霞不出门，晚霞行千里。"

冰雹。冰雹是雨变成了冰。它开始是雨，但是在到达地面之前被冻结而变成了冰雹。

雪。雪是冰冻的云朵落了下来。试一试，用一块黑色的布捕捉一枚完整的雪花，看看它有多美丽。

闪电。闪电是电。曾经有一个叫本杰明·富兰克林的人在闪电出现的时候出门把风筝放上天。他在风筝线地面的这端放了一把金属钥匙，然后他触碰了一下钥匙，就发现上面迸出了一个电火花。

雷。雷是由闪电产生的，雷是不会伤害人的。

地质学

砂岩是由沙子形成的岩石。

灰岩是由贝壳和骨头形成的岩石。

花岗岩是由岩浆冷却形成的坚硬岩石。

土壤是破碎的岩石。如果枯枝败叶等混入土壤，则被称为壤土，壤土非常肥沃，适合种植植物。

煤炭是很久很久以前埋在地下的树木形成的。

金属是从地下挖出来的。

铁是最常见和常用的金属。你觉得这是为什么呢？钢是由铁炼制成的，钢和铁有什么用途呢？如果不涂漆，铁在水中或潮湿的环境下很快就会生锈，在空气中则会慢一些。铁上涂一层锡后，常常被制作成厨房用品。

铜是用来做美分硬币、电话和电报线等的材料。

黄铜不是从地下挖出来的，而是由铜和锌（另一种金属）混合制成的。

金和银被称为贵金属，因为它们不易得，而且可以制作成美丽的首饰。

宝石也是从地下挖出来的。

钻石是纯色的或略带颜色的，钻石非常珍贵，因为它是最坚硬的石头。

珍珠不是石头，而是牡蛎在壳里制造的。

以下的教学内容最好在春夏进行，因为课程中的事物在这两

个季节更容易找到样本。

植物

花。带孩子们外出郊游去寻找花，或让孩子们把花带到课堂。接着问孩子们每一种花的特性，并时常进行复习，再让他们根据标本和图片说出对应的花的名字。如果花有香味，就让孩子们闭上眼睛，根据香味分辨这是哪种花。

果实。花朵凋零了，果实才会结出来。在苹果花和桃花枯萎后，找一找结出的小苹果和小桃子。

坚果是果实。

苹果和梨有一些籽。

苹果汁可以用来做苹果醋。

桃子、樱桃和李子只有一个籽。

橘子和香蕉生长在温暖的国家。

草莓、覆盆子和黑莓都属于浆果。

葡萄可以用来做红酒。

果实的籽放到土壤里，会长出植物。

让孩子们尝试种一颗豆子。

树。让孩子们收集一些常见树木的叶子，并学会通过不同形状的树叶来辨别树木。让孩子们画出他们观察到的树叶的轮廓，可以让他们把树叶放在白纸的中央。有条件的话可以让孩子们准备一个空白的本专门用来画树叶。画的时候，用左手按住树叶，右手开始描画轮廓，在此过程中要小心不要让树叶滑动或让铅笔划到树叶的下方，随后还可以用水彩给画出的树叶上色。

建议孩子们要观察研究的树木包括：橡树、枫树、栗子树、山毛榉、苹果树、桃树、柳树、山茱萸、白杨树、椴树、桦树、梧桐树、黄樟树、七叶树、槐树、松树、云杉、雪松等。

动物

海绵。海绵是一种生活在水里的动物，它是一种低等动物，因为它没有脚、胳膊、头、眼睛和耳朵，而且它不能行走，只能附着在固定的海底礁石上。但是，它有很多嘴，布满全身的小孔都是它的嘴，嘴连通着它的胃。

蠕虫。蠕虫比海绵高级一些，因为它们有头、眼睛和耳朵等器官，而且它们可以行动。蠕虫是有用的，因为它可以帮助农民。它们在土壤里蠕动，可以松土从而让土地更加肥沃。如果你把蠕虫从中间切断，会发现它的每一段都可以长成一个新的蠕虫。毛毛虫不是蠕虫，毛毛虫会变成飞蛾或蝴蝶，而蠕虫不会变成其他东西。

海星。大部分海星有5个腕，像五角星一样，每个腕上都有一只眼睛。它的嘴和胃在它身体中央的位置。如果海星的腕被切掉了一个，会自动长出新的腕。

牡蛎和蛤蜊。它们都有两扇壳，可以把壳合上或打开。牡蛎不能移动，但是蛤蜊有一只脚，因此可以移动。

蜗牛和蛞蝓。蜗牛把壳背在背后，当遇到危险时会缩到壳里。蛞蝓是没有壳的蜗牛。在很多国家，人们会像美国人吃牡蛎和蛤蜊一样吃蜗牛。

龙虾和螃蟹。它们活着的时候是青绿色的，煮熟会变成红色。每年它们都会脱一次壳，脱壳后身体会逐渐变硬然后生成一个新壳。

昆虫。苍蝇、蜻蜓、蝴蝶、飞蛾、蚂蚁、蜜蜂、蚊子、蟋蟀、蝗虫、甲虫和蜘蛛都是昆虫。

苍蝇是害虫，因为它会传播病毒和细菌。绿豆蝇的体型更大，飞起来嗡嗡声也更响。马蝇是一种很大的苍蝇，它吸食马的血液。

蜻蜓在水中产卵，但是生活在空中，它以昆虫为食，对人类没有危害。蜉蝣也是在水中出生，但是它的生命非常短暂，刚刚会飞就死去了。

蝴蝶会产卵，卵孵化成毛毛虫。毛毛虫以树叶为食，毛毛虫结蛹，最终羽化成蝶。

飞蛾与蝴蝶的生长方式基本相同。有一些飞蛾的幼虫吃羊毛衣服，会破坏植物和树木。

蚂蚁是最聪明的昆虫之一，它们成群结队地工作，搭建蚁冢并储存食物。它们有军队，可以和其他蚂蚁交战，甚至会饲养蚜虫作为自己的“奶牛”。它们可以互相交谈，告知对方哪里有食物，哪里有危险等。红蚂蚁常常俘获黑蚂蚁为自己干活。千万不要把食物随手乱放，因为食物很快就会被蚂蚁发现，然后它们会把食物据为己有。

和蚂蚁一样，蜜蜂也是勤劳的工人，所以我们总说“勤劳的小蜜蜂”。蜜蜂能采集花朵中甜美的汁液，并将其酿造为蜂蜜食用。它们把蜂蜜储藏在蜂巢中，蜂巢是它们用蜂蜡制造的。在一个蜂巢中，有三种蜜蜂，即蜂王、雄峰和工蜂。蜂王会产卵，工蜂有些负责采蜜，有些负责建造蜂巢，有些充当警察，有些充当佣人，负责打扫卫生和保持蜂巢的整洁，还有些则充当服务员的角色，只有雄峰什么也不做。到了秋天，除了蜂王以外的所有蜜蜂都会死去，而蜂王能够活过寒冬，在春天产下卵来。

蚊子出生在宁静的水中，如果没有池塘或水坑，也就不会有蚊子。只有雌蚊子会叮人吸血。

人们认为蟋蟀会给家里带来好运。它是歌唱家，入秋后便会“唱歌”，从晚上唱到深夜。它们还善于跳跃，如果人能拥有蟋蟀的跳跃能力，那能跳得比房子还要高。

在一些国家，蝗虫成群地飞过土地，看起来就像黑云一般。它们所到之地，农作物无一幸免地被它们吃掉。

蜘蛛通过结蜘蛛网捕捉其他昆虫为食。传说有一个美丽的少女名叫阿拉克尼，她善于纺织，并骄傲地称自己的手艺比神还要好，后来她被变成一只蜘蛛，只能永远吐丝织网。有一些蜘蛛会咬人或叮人。

盲蛛看起来像是一只长着长腿、身体很小的蜘蛛，但是它不结网，对人也无害。

蜈蚣其实只有20对脚。

甲虫有好有坏。瓢虫就是一种好甲虫。它身体很小，有红色、棕色或黑色的，身上有鲜艳的斑点。它吃很多破坏植物的害虫。学这首童谣：

瓢虫啊，瓢虫啊，

快飞回家吧！

你的房子着火啦！

你的孩子危险啊！

马铃薯甲虫是甲虫的一种，它会破坏马铃薯。

萤火虫是一种很小的甲虫，在有些国家，人们会用容器装很多只萤火虫作为提灯。与其他光不同，萤火虫的光不会发热。

鱼。研究发现，鱼是最古老的脊椎动物，而高等动物都是有脊椎的。但是，鱼的血液是冷的，这点不同于鸟和狗。鱼的身上覆盖着鳞片，它通过鱼鳃呼吸。它们能够在水中游动，并通过尾巴和鱼鳍控制方向。

虽然鲸鱼也生活在水中，但它不属于鱼类，因为鲸鱼必须要浮出水面才能呼吸。

有些鱼只能生活在海水中，有些鱼只能生活在淡水中，鱼繁殖出的物质被称为鱼卵。很多鱼聚集到一起时，我们便称之为鱼群。

鲨鱼是海里最危险的鱼之一。

鳗鱼看起来像蛇，但它不是蛇，而是一种可以食用的鱼。

青蛙。青蛙是脊椎动物，它们既可以在水中生活，也可以在陆地生活。它们会在水里产卵，这些卵会孵化成一种“小鱼”，叫作蝌蚪。蝌蚪的尾巴会消失，最终变成青蛙。

蟾蜍。蟾蜍会生活在与自己身体颜色相近的石头和地面上。生活在树上的蟾蜍则要找颜色相近的树来栖身，这样可以作为伪装来避开自己的天敌，如蛇和一些鸟类。蟾蜍会吃一些害虫，因此对农民来说蟾蜍是有益的，我们不应该伤害它们。曾经人们认为蟾蜍会让人身上长癞，这其实是一个误区。但要注意的是，蟾蜍头部有毒腺，因此我们不能去触碰它。

爬行动物。蛇、乌龟和鳄鱼都属于爬行动物。爬行动物是脊椎动物，也是冷血动物。

有些蛇有剧毒。

龟分为陆龟和水龟两种，陆龟是可以食用的，它的外壳可以用来制作龟壳梳等物品。

蜥蜴的尾巴很易折，但是它的尾巴断掉后，还会长出新的尾巴。

变色龙是一种小蜥蜴，它可以迅速地改变自身的颜色来与周围的环境相匹配，达到伪装的目的，以保护自身的安全。

鳄鱼和短吻鳄是“巨大的蜥蜴”。

禽类。鸟是脊椎动物。但是与之前所说的脊椎动物不同，鸟是温血动物。高级动物都有脊椎，最高级的动物不仅有脊椎，而且是温血动物。雌鸟会下蛋，并且坐在上面，直到蛋孵化出幼鸟。雄鸟会出去觅食，把食物带给雌鸟和幼鸟。生活在水里的鸟的脚上都有蹼，即脚趾中间连接起来的薄膜，可以用来拨水和游泳。

鸭子不需要学习游泳，因为会游泳是天生的，它们会自然地走向水里。鸡不会游泳，因为它们没有蹼，所以也不会往水里走。

鹦鹉可以学习人说话。

鹰会捕食其他鸟类。

猫头鹰会杀死老鼠，它们是很聪明的动物，所以我们有时会夸别人“像猫头鹰一样聪明”。

鸵鸟是体型最大的鸟。鸵鸟跑得很快，人们骑在它的背上就像骑马一样。鸵鸟是很笨的鸟，当它们感到害怕时，会把头和脖子贴近地面，这样它们就看不到了，也觉得别人看不到自己。鸵鸟的羽毛可以用来做帽子上的装饰物。鸵鸟的蛋跟婴儿的头一般大。

孔雀有非常鲜艳美丽的尾巴，它走路的时候总是趾高气扬的，因此我们常说“像孔雀一样骄傲”。

鸽子是非常有爱心的鸟，因此我们常说“像鸽子一样有爱心”。信鸽是一种恋家的鸟，所以人们常用它来传递信件。人们把信鸽带到离家很远的地方，在它的腿上绑上信件，然后把它放飞。它就会自然而然地飞回家，即使可能已经离家数百公里。

海鸥生活在海边，它们能飞得很远、很快。

雕是一种很强壮、勇敢的鸟。它在人迹罕至的地方筑巢。雕是美国的国鸟，美国的硬币上有雕的形象。

哺乳动物。哺乳动物是用乳汁哺育幼崽的动物。哺乳动物是最高等的动物。我们人类就是哺乳动物，下面所列的动物也属于哺乳动物。

鲸鱼是哺乳动物。虽然鲸鱼生活在水里，但是它不属于鱼类，因为它们是温血动物，没有鳞，而且必须要到水面上呼吸空气，并哺育幼鲸。

海豹生活在水中，但它也是哺乳动物。

袋鼠把幼崽放在腹部的育儿袋中。

猪是贪吃的动物。

河马也是一种大型的哺乳动物。

大象是陆地上体型最大的动物。大象可以用背部和象鼻帮人们运输大量的货物。公象有两颗巨大的牙齿，叫作象牙。

反刍动物指的是先把食物咽下去，然后再返回嘴里细嚼的动物。下面的动物都是反刍动物。

骆驼有两个驼峰。单峰骆驼只有一个驼峰。

鹿有分叉的鹿角。

绵羊常被剪去羊毛。

山羊在很多国家被饲养用来产奶。

牛是最有用的家畜，它生产牛奶，奶油可以用来做黄油和奶酪；它的皮可以用来做皮革，它的肉还可以食用。

食草动物的特性是只吃草或其他植物。下面的动物都是食草动物。

马只有一个脚趾，即马蹄。

兔子喜欢吃鲜嫩的植物。

松鼠吃坚果，它会收集并储存坚果以备过冬时吃。

老鼠吃谷物。

豪猪的背上长满了刺。

食肉动物是只吃肉或主要以肉为食的动物。下面的动物都是食肉动物。

与人生活在一起时，猫眷恋的是居住的地方，而不是人，它们被带走之后会自己回家。猫的脚上有肉垫，在捕食时可以悄无声息地出现在猎物身边。当猫生气的时候，会露出爪子，且摇动尾巴、拱起背部。当它们很高兴时，会发出呼噜声。

老虎和狮子就像是野生的大猫，它们都同属猫科。

狗是最聪明的动物之一。它们的嗅觉非常灵敏，可以依靠嗅觉从很远的地方找到主人或其他动物。当它们与人生活在一起时，它们更喜欢的是人，而不在乎住在哪里。它们会和人类培养出坚定的友谊，会帮助人类，不论是拯救落水的孩子，还是看家护院防止小偷等。猫和狗是天敌，当它们打斗时，有的猫会逃跑，有的猫则坚守阵地。

狼和狐狸都来自同一个家族。熊整个冬天都在冬眠。北极熊是白色的，它生活的地方也是白雪皑皑，这种伪装让它的猎物难以侦测到危险的到来。

蝙蝠不属于鸟类。蝙蝠浑身长满了毛，但不是鸟的羽毛。它们的翅膀是爪子伸展开而形成的皮肤。它们白天睡觉，晚上才出来活动。学习这首童谣：

蝙蝠，蝙蝠，
到帽子里面来，
我给你一片培根；
等我烤好时，
如果我没有弄错，
我会给你一个蛋糕。

猴子的骨架与人类几乎一模一样，它们的脚和手一样灵活。

人是自然界中唯一直立行走的动物。想一想，你走路的时候身体挺得够直吗？